도시경관의 이론과 실제

인천 경제자유구역과 원도심을 중심으로

인천학연구총서 55

도시경관의 이론과 실제

인천 경제자유구역과 원도심을 중심으로

김리원·서종국·강도윤

보고사
BOGOSA

들어가는 글

우리는 매일같이 경관을 만나고 있다. 출근길에서 가로경관과 교통
경관을 만나고, 여행을 가서는 그 지역의 우수한 조망점에서 다양한
경관자원을 감상한다. 밤에는 화려하거나 차분하거나 혹은 어둡거나,
지역마다 고유한 야간경관을 만난다. 도시가 양적 성장에 대한 열망에
서 질적인 가치로 고민의 방향을 달리하게 되면서 경관은 오늘날 매우
중요한 개념으로 인식되고 있다.

경관이라는 단어를 보면 무엇이 떠오르는가? 아름다운 자연과 옛
시골의 풍경이 떠오르는 사람도, 높은 마천루가 만드는 압도적인 스카
이라인이 떠오르는 사람도 있을 것이다. 혹은 흑백사진 속 장면처럼
이제는 존재하지 않는 아련한 추억의 장면을 떠올리기도 할 것이다.
경관은 인간의 '볼 수 있는' 지각능력에 의해 인식되는 공간적 체험이
다. 따라서 도시의 그 어떤 개념보다 지각하는 '인간'을 중요하게 바라
보아야 하는 학문의 영역이다. 이러한 경관의 인간 중심적 성격은 과거
조감도적 시각의 하향식 의사결정을 통한 도시계획에서 상향식, 협력
적 도시계획으로 패러다임이 바뀌는 현황에 경관개념을 더 심도 있게
고려해야 하는 타당한 이유가 된다. 그리하여 매일의 삶에서 경관을
관심 있게 목격해야 하는 것이다.

본 저서의 1장과 2장은 인천에서 태어나 인천경관에 관해 오랫동안

연구해왔던 필자가 다각도의 경관이론을 설명하고 인천시의 경관제도에 대해 서술했다. 경관이 왜 오늘날 중요한 개념이 되었는지, 학문적 흐름을 짚어가며 경관의 물리적인 개념과 문화적 개념 모두를 훑어본다. 그간 많은 경관 연구와 책이 경관의 물리적인 성격에 초점을 맞추었기 때문에 본 저서는 그 문화적 성격과 영향을 함께 서술하며 경관에 관한 다양한 시점을 서술하고자 하였다. 경관의 이 포괄적인 성격은 현대의 도시연구에 경관개념이 더욱 중요해지는 이유이기 때문이다. 이후 경관개념의 탄생과 전원 경관의 개념, 모빌리티 패러다임 속 변동되는 경관의 시야각에 따른 모빌리티 스케이프에 대한 개념을 설명한다. 경관의 구성요소 파트에서는 경관이 가진 외연적 구성요소와 구조적 구성요소를 설명하며 그 구성요소에 지대한 영향을 끼치는 개념인 조망행위와 조망점에 대해 주요하게 설명한다. 그다음 파트에서는 기술 발전에 따른 현대인의 시공간개념의 확장에 발맞추어 경관개념 역시 확장됨을 서술한다. 플랫폼 기술, 플랫폼 어바니즘 시대에 공간과 장소감은 어떻게 변화하는지, 이러한 변화는 어떻게 경관개념에 적용되는지 고찰한다. 이러한 개념의 확장은 이 책의 경관이론 파트가 차별화되는 지점이다.

2장에서는 국내와 인천광역시의 경관제도에 관해 서술한다. 국내 경관제도의 흐름과 그 정책 방향에 관해 설명한 뒤, 인천에 초점을 맞추어 인천광역시 내 경관제도와 계획의 종류를 하나하나 분석해간다. 인천시의 도시발전사를 소개하고, 그 과정에서 경관제도가 어떻게 정착되고 발전해왔는지를 고찰하며, 인천시 경관제도가 다른 지자체와 차별화되는 지점도 포착한다. 또한, 제도의 발전사와 함께 과거의 인천시 경관분석 자료를 검토하여 현재의 인천시 경관 이미지와 달성도를 비교해 도시 이미지 형성의 성과와 시사점을 도출한다. 이러한 시사점에 따라 싱가포르와 일본의 경관제도를 분석해 향후 인천시 경관제도에 적용 가능한 구체적인 과제를 제안했다.

3장은 인천대 서종국 교수님이 구체적인 방법론을 적용하여 경제적인 관점으로 경관을 분석하는 글을 써주셨다. 특히, 경관이 가진 경제적인 가치에 대해 경관의 다양한 개념적 특성과 재화로서의 특성을 강조한다. 이후 조건부평가법(Holistic Approach : Contingent Valuation Method(CVM)), 선택실험법(Intermediate Approach : Choice Experiments Method(CEM)), 헤도닉가격법(Component Approach : Hedonic Pricing Method(HPM))의 실제적 방법론을 통해 경관의 경제적 가치와 상관관계를 증빙한다. 이는 본 저서가 다른 경관 연구와 차별점을 갖게 했다.

4장은 강도윤 박사님이 그간 수행하신 방대한 양의 인천경관 프로젝트 경험과 자료를 본 저서에 담아 문화적인 관점에서 경관을 분석하였다. 문화경관의 개념을 설명하고 도시의 발전사에 따라 이를 정책화한 시도들의 흐름을 훑으며 경관이 가진 문화적 중요성에 관해 주장한다. 또한, 경관에 관한 문화 인식의 관점을 구체적으로 제시하면서 도시경관을 형성하는 의사결정의 방법에서 시민의 역할의 중요성이 대두됨을 강조한다. 이러한 경관의 문화적 특성은 시민의 일상생활과 밀접한 영향을 미치며 경관 행정 과정의 시민참여 증진의 필요성을 다시금 재고하게 만든다.

마지막으로 본 저서의 마지막 장에서는 세 연구자가 인천광역시 경관관리의 성과와 과제에 대해 논한다. 본문에서 분석했던 인천광역시의 경관 관리제도와 경제적, 문화적 분석 내용을 토대로 현재 인천경관의 성과를 정리하고, 미래의 인천 경관을 위한 실체적인 과제를 제안한다.

　이번 기회로 인천 경관에 대해 오랫동안 깊은 연구를 하고 계신 존경하는 두 분과 집필을 함께 할 수 있어 매우 즐거운 시간이었다. 이런 기회를 주신 인천학연구원에 깊은 감사를 표한다.

　이 책이 나올 때까지 세 연구자의 많은 고민과 토론이 있었다. 인천의 곳곳을 다니고, 함께 해외 답사를 하며 경관에 대해 심도 높은 고찰을 했다. 경관은 도시를 구성하는 많은 개체의 의사소통을 통해 형성되는 합작과 같다. 경관은 또한 어느 날 뚝딱 하고 만들어지는 것이 아니라 장기적으로, 장소감과 행위가 축적되며 만들어지는 단계적 과업이다. 인천 도시경관에 대한 애착으로 이루어진 이 책이 향후 인천시의 경관에 긍정적인 영향을 주길 바라며, 2024년의 초입을 열어본다.

차례

제3장 경관의 경제적 접근방법

제1장

경관이론[*]

1. 경관의 개념과 역사

1) 경관의 개념

오늘날 인류 절반 이상이 도시에 살고 있다. Science Daily는 2007년 5월 23일부로 지구의 도시화 비율이 50%를 넘었음을 고하고, UN은 도시의 시대(Urban age)를 공표했다. 이러한 동향 속에 웨스트(West)는 우리가 사는 이 지구를 도시세(urbanocene)으로 명명한다. 이는 하라리(Harari)가 말하는 인류세에서 도시적 측면을 강조한 것으로, '도시'가 전세계적으로 중요한 학문적 관심사가 되었음을 뜻한다. 이러한 도시는 '공간'을 중심으로 한 사회적인 개념이다. 19세기까지 시간이 주도한 학문의 패러다임은 도시라는 문명의 탄생과 발전으로 공간에 관심을 두게 된다. 도시는 학문적 관심사이자, 인간의 생활 터전이자, 다양한 사회현상의 무대가 되었으며, 이에 따라 도시의 외연과 내연은 오늘날 인간의 중요한 관심사가 되었다. 도시의 외연과 내연은 오늘날 인간

---

[*] 이 장의 일부분은 저자의 박사학위 논문인 「택배도시 현상 연구 – 마켓컬리 행위경관을 중심으로」의 2장을 참조, 이를 보완 및 발전시켜 작성되었다.

의 중요한 관심사이다.

도시의 외연은 여러 가지로 구분할 수 있다. 거시적인 목표를 가지고 도시의 외관이 형성되는 방향을 정하는 도시계획, 토지의 용도를 기준으로 하는 분할되는 용도지역, 특정 인구계획을 포함한 물리적 도시의 형태, 각 공간 단위의 도시설계 등은 모두 도시의 물리적이고 시각적인 형태를 결정짓는 일이다. 그중에서도 이 책에서는 도시의 외연을 나타내는 개념 중 가장 복합적인 '경관'에 대해서 다루고자 한다. 경관, 영어로는 'Landscape'라고 부르는 이 개념은 초기에는 주로 자연환경, 시골의 아름다운 풍경 등을 묘사하는 데 쓰였지만, 도시 패러다임이 바뀌며 도시의 질적 성장, 도시권에 대한 이슈가 대두되면서 최근에는 매우 복합적인 개념으로 중요하게 재인식되고 있다.

경관은 도시환경의 시각적 측면을 평가하는 기준으로 사용된다. 국토교통부에서 2007년에 제정한 경관법 제2조에서는 "경관"이 자연, 인공적인 구성요소 및 지역사회 생활과 같은 다양한 지역적 특성으로 구성된 일원적인 지역 환경을 나타내는 것으로 정의하고 있다. 이러한 정의는 경관이 도시환경의 중요한 부분으로 작용한다는 것을 보여준다. 김홍중(2005)은 20세기 후반, 공간과 풍경에 대한 학문적 관심이 증대되면서 이들 주제가 다양한 학문 분야에서 중요한 연구 대상으로 부상했다고 지적한다. 근대적인 시각 체계의 구조 변화와 함께 풍경을 미학적 대상이 아닌 '제도적 세계상'으로 이해하게 되었으며 공간을 이해하는 방식이 세계를 이해하는 방식으로 인식되었다는 것이다.

이 장의 첫 번째 절에서는 이러한 경관의 개념 변화, 그에 따른 도시경관 인식의 역사를 따라 가보고자 한다.

물리적 개념

2007년에 국토교통부에서 제정된 경관법 제2조에 의하면 "경관"(景觀)이란 자연, 인공 요소 및 주민의 생활상(生活相) 등으로 이루어진 일단(一團)의 지역 환경적 특징을 나타내는 것을 말한다.'라고 쓰여 있다. 경관과 함께 이 법에 사용하는 주요 용어로 "건축물"이 있는데, 이는 경관법은 건조 환경(Built environment)을 포함한 지역 환경적 특징을 다루고 있으며, 그중에서도 주요하게 외관적 성격을 다룬다는 것을 유추할 수 있다. 한국경관협의회(2008)에 의하면, 우선 경관이란 보이는 대상인 한자어 景(빛 경)과 보는 행위인 觀(볼 관)으로 구성되어 있어 시각적이며 심미적으로 보이는 도시의 외관을 뜻한다. 보이는 대상으로서의 도시 공간과, 보는 주체로서의 인간이 존재 속에 기능하며 '언제나 주체로서의 사람이 보는 행위를 전제로 성립하는 것(한국경관협의회, 2008: 19)'이라는 조건을 갖는다. 따라서 경관은 인간의 행위, 인간 주체의 주관적인 판단을 중심으로 분석되는 특징을 가진다.

이러한 물리적 경관개념의 특징을 가장 잘 보여주는 사례로 경관제도 중 하나인 '경관계획'이 있다. 지역의 경관을 계획하는 경관계획의 목적은 2018년 개정된 경관계획수립지침에 의하면 도시미관의 향상과 함께 자연경관 보존 및 관리, 역사와 문화자원의 가치 제고를 비롯한 생활환경 개선과 삶의 질 향상이며, 반드시 포함해야 하는 지역의 '경관 자원조사' 항목의 경관자원은 1) 자연경관 자원, 2) 산림 경관자원 3) 농산어촌 경관자원, 4) 시가지 경관자원, 5) 도시기반시설 경관자원, 6) 역사 문화 경관자원을 포함한다. 또한, 경관을 분석하는 가장 기본적인 기법은 물리적인 공간을 인간이 조망하는 방식인 '조망점 분석'이다. 표 1-1은 개발사업 등의 건조환경 조성사업 시 주변경관에 어떤 영향을 끼치는지 시뮬레이션의 과정을 보여준다. 조망점 분석의 첫 번째 단계는 현황의 분석과 함께 조망점을 선정하는 것으로 시작되는데, 이때 조망거리 및 방향과 이용밀도, 가시권을 고려해 주요 조망점을 선정한다. 이는 경관의 주요한 인식방식이 물리적 공간이 인간의 시각능력에 의해 인지되는 가시강도에 의존함을 방증한다.

경관개념이 우리나라에서 본격적으로 도시계획·설계의 영역으로 다루어진 역사는 상대적으로 짧다. 따라서 국내의 경관형성, 관리방안을 포함한 도시경관 제도는 물리적 환경, 그중에서도 시각적인 요소에 편중되어 있다.

표 1-1. 개발사업의 경관 시뮬레이션 과정

❶ 조망점 1차 분석

상위계획의 조망점을 검토한 뒤 대상지 내·외부 두 가지 유형의 조망점 선정
가시성 및 경관영향 분석

❷ 조망점 2차 분석

1차 선정된 조망점 중 대상지를 기준으로 근경, 중경, 원경 범위 내 조망점 선정 및 분석
(대상지 규모에 따라 근경 100 - 300M, 중경 500 - 1.0km, 원경 1.0 - 1.5km 이상)

❸ 조망점 3차 분석

2차 선정된 조망점 중 공간의 구조와 이동동선, 유동인구 등을 고려해
경관적으로 중요한 지점 선정 및 세부 분석

문화적 개념

경관의 개념은 사회 변화와 함께 물리적 도시환경에 대한 시각적
인식을 넘어 확장되고 있다. 매시(Massey)는 저서 '공간을 위하여'에서
공간은 상호작용을 통해 전개되며, 이러한 관점에서 공간은 '인간들이
관계적으로 참여하고 있으므로 사회적'이라고 표현한다(Massey, D.,
2005 :121). 학계에서 경관의 대상인 공간을 사회적 관점으로 파악하는
시각이 확장되면서 경관 역시 사회 구성원에 의해 '지속성으로 생산되
고 재구성'되는 특성이 강조되기 시작한다. 사회 구성원의 상호작용이
특수한 경관을 형성하는 대표적인 사례로 천시(Chauncey)(1995)의 연구
를 들 수 있다. 천시는 게이 뉴욕(Gay New York)에서 게이 남성이라는
특정 섹슈얼리티가 센트럴파크나 뉴욕 대중목욕탕과 같은 공공공간을
점유하는 현장을 묘사하면서 공간의 시각적인 외형뿐만 아니라 사람들
의 모임, 그 사람들의 행동이 장소성과 경관을 형성하는 하나의 요인임
을 설명한다.

이러한 맥락에서 경관의 연구 방식도 전환되게 되는데, 조망점과
시뮬레이션, 시각 요소로 강조되던 기존 경관 연구 방식은 동시대 인간
의 '체험' 중심으로 확장된다. 에지워스(Edgeworth)(2016)는 경관 연구
를 문서화된 다큐멘터리 아카이빙과 인간이 직접 체험하는 비문적 행
위로 구분한다. 그는 아카이빙 형태의 경관기록은 데리다(Derrida)(1998)
가 Archive Fever에서 언급했듯 현장의 측정, 문서화, 기록과 함께
컨텍스트 시트, 계획 그리드, 카메라, 연필 등과 같은 장비를 통해 기억
을 보존하는 역할을 하기도 하지만 그 자체만으로는 '기억을 매장'하는
결과를 초래할 수 있다고 지적한다. 따라서 물질적인 다큐멘터리 아카
이빙과 함께 인간의 경관 체험 기록이 동반되는 방식으로 경관 연구가

이루어져야 한다는 것이다.

최명하(2017) 역시 물리적, 시각적 관점뿐만 아니라 사회문화적 특성을 중심으로 도시의 경관을 분석한 연구를 수행하였다. 공항이라는 교통 인프라의 매개체 공간의 경관을 그 공간을 사용하는 동시대 인간의 행동 패턴과 맥락을 통해 분석하고, 이에 대한 공간조성방안, 과제를 도출한 것이다.

기술의 발전, 사회의 변화에 따라 인간의 공간지각 방식이 변화면서 경관에 대한 인식이 변화한다는 관점도 경관 연구에서 주요하게 논의되고 있다. 벤야민(Benjamin)(2007)은 예술작품의 복제에 따라 예술의 사회적 기능과 소비방식이 달라졌다고 주장하면서, "비교적 큰 규모의 역사적 시공간 내부에서 인간 집단들의 존재 방식과 더불어 그들의 지각의 종류와 방식도 변화한다."라고 표현한다. 이는 인간의 지각을 구성하는 조건들은 자연뿐만 아니라 역사적 맥락에 영향을 받는다고 해석할 수 있다. 이러한 관점은 비단 예술작품에 국한되는 것이 아니라 도시경관을 해석하는 방식들에도 확장할 수 있다. 인간이 도시경관을 지각하는 종류와 방법 역시 현대의 맥락에 영향을 받아 변화한다는 것이다.

이에 대해서 영상작가인 슈타이얼(Steyerl)(2016) 또한 특정 시야각의 중요도는 시대에 따라 가변적이라고 주장한다. 특히 최근 구글맵(Google map)이나 드론뷰(Drone view) 등 조감도적 시야각—전지적인 시야—이 인간에게 빠르게 익숙해지는 이유는 인간의 "시공간적 방향감각"이 새로운 기술들에 힘입어 "극적으로 변화"했기 때문이라고 표현한다. 이에 따라 기존의 시점(Perspective)을 포함한 시각적 패러다임은 그 힘을 잃고 다른 패러다임이 등장하게 되는 것이다. 이는 필연적으로 우리가 경관을 바라보는 관점 및 방향성 역시 변화하게 만든다. 사회적인 조건들의 변화는 도시경관을 바라보는 인간의 지각 방식을 변화시킨다.

변화하는 경관개념은 공간을 점유하는 방식에도 영향을 끼친다. 앞서 언급했듯 경관이란 공간을 심미적, 시각적 관점에서 관찰하는 것이다. 이러한 경관의 시각적 특징은 시각적 헤게모니의 점령과 함께 공간을 감상 혹은 소비하는 주요한 방식으로 작용하였다. 이 특성은 근대를 넘어가면서 그 소비재적 특성이 더욱 강화되었는데 어리(Urry)는 19세기 중반 파리를 대상으로 조망과 파노라마의 언어가 시각체험 구도를 결정하며 스펙터클을 강조하게 되었다고 표현한다(Urry, J., 2012 : 145). 어리는 또한 시각이 다른 감각의 우위에 서면서 장소와 '거리를 두고', '지배해' 물질화하는 형식으로(같은 책: 142) 경관 사유방식이 변화하고 있다고 서술하며 토지의 영위와 경관 영위의 개념을 비교한다. 즉, 경관의 개념은 외관을 두드러진 특징으로 하는 무형의 자원을 동반하며 '인간의 여가, 휴양, 시각적 소비에 중점을 주고 있다는 것'이다(같은 책 : 231).

2) 경관의 역사

공간혁명과 경관의 재인식

경관의 역사를 논하기에 앞서 경관 이해의 토대가 되는 '공간'이 어떻게 중요한 연구주제로 부상하게 되었으며 그 주제가 어떤 과정을 통해 더욱 능동적으로 인간에게 주요한 영향을 끼치게 되었는지 그 배경을 논하고자 한다.

  19세기 후반, 이성에서 감성으로의 전환(Affective Turn), 경제에서 문화로의 전환(Cultural turn) 등 사회를 바라보던 틀의 전환에 대한 요구가 급증했는데, 그중 하나가 시간에서 공간으로 중심개념을 전환하는 공간적 전환(Spatial Turn)이라는 개념이다. 이는 철학자 푸코(Foucault)가 파놉티콘(Panopticon)[1])의 예시를 통해 공간이 인간의 행동을 규제할 수 있으며 공간이 가진 정치, 경제, 사회적 힘을 설명한 것에 영향을 받았다. 푸코는 또한 뉴턴적, 데카르트적 공간관이라 불리는 시간 중심적 공간 현상 파악으로 제한된 영역 안에서만 해석되었던 공간에 대한 경시를 지적한다.

  푸코와 함께 르페브르(Lefebvre)(2011) 역시 공간이 가지고 있는 특성을 서술하며 시간 중심 사고에서 공간 중심 사고로의 전환을 시도한다. 이를 확고히 하기 위해 그는 공간은 하부구조이지만 또한 생산자이자 생산물이라 표현하고 그 생산에 관해 설명한다. 르페브르에 의하면 공간은 사회적 실천에 의해 생산되며 그런 공간이 인간의 행동과 사회 역시 변화시킨다고 한다. 사회와 불가분적 관계를 맺고 있는 공간은 르페브르가 '도시혁명'이 산업혁명과 같이 오랜 기간 우리의 삶에 영향을 주었다고 표현하듯이, 산업사회에 이은 도시사회로의 전환에 핵심이 된다.

  공간적 전환은 공간의 개념을 탈물리화 시켰고, 또한 공간에 대한 논의를 보다 포괄적으로 확장했다. 공간을 고정된 물질이 아니라 인간과 관계를 갖는 유동적인 개념으로 인식하자, 인간에게 영향을 주는

---

1) 영국의 철학자 Jeremy Bentham이 제안한 원형감옥으로, 감옥의 형태 및 배치의 디자인을 통해 소수의 감시자가 수감자를 감수할 수 있게 만들어진 공간이다.

공간, 공간에 영향을 주는 인간에 대한 논의가 발달하게 되었고 이는 공간과 인간의 긴밀한 상호작용의 결과인 '장소성'의 재인식으로 확장된다. 시간 중심적 학계가 냉전 이후에 공간적 전환을 겪은 시대에 투안(Tuan)(2011)은 장소애(Topohilia)개념과 함께 인본주의적 지리학을 제안하는데, 공간은 인간의 경험을 통해 다른 가치를 지니게 되며, 경험적, 현상학적 접근을 통해 공간과 장소는 다른 의미를 지니게 된다는 것이다. 공간이 추상적인 좌표계와 같다면, 장소는 그 공간과 인간의 경험이 축적되어 만들어지는 구체적인 개념이 된다. 이러한 흐름에 따라 공간과 장소의 개념적 구분이 이루어지게 되고, 공간이 주는 경험이 공간이해에 큰 역할을 하게 된다. 이러한 학문적 동향 속에서 공간이 인간에게 주는 시각적 경험의 일종인 경관이 재차 관심을 받게 되는 것이다.

여기서 짚고 넘어가자면 경관개념은 실상 이러한 전환으로 탄생한 개념은 아니다. 동서고금을 불문하고 아름다운 풍광에 대한 인간의 열망과 감동은 회화나 글에 빼곡히 기록되어왔다. 실제로 전통적인 경관개념은 농촌, 자연의 영역과 큰 연관을 갖는다. 당시 경관개념은 도심의 건조환경(Built Environment)보단 녹지와 식재에 더 관심이 많았으며, 이러한 자연이 인간에게 주는 안정적이고 안온한 심상, 영감에 집중했다. 직장·주거의 공간적 거리가 가까운 초기 주거형태에서 경관은 삶의 풍경이자 아름다움의 추구였다. 물 좋고 공기 좋은 곳에서 풍류를 즐기는 우리 선조들의 모습에서 전통적 경관개념의 의미를 찾을 수 있을 것이다. 그러나 산업화와 더불어 빠른 속도의 개발계획이 성행하던 개발의 시대를 넘어가며 전통적인 경관개념은 다소 구시대적으로 여겨졌다.

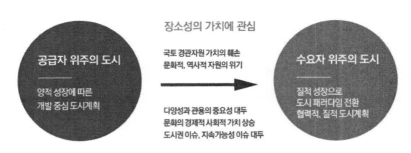

그림 1-1. 경관의 중요성 강화

　그러나 21세기 초에 진입하며 환경, 생태에 대한 국제적인 관심과 관광산업의 성장과 함께 지역의 독자적 정체성을 확립해야 하는 도시의 관심사가 맞물리면서(Corner, 2007) 경관개념의 가치가 재부상하게 된다. 이는 달리 말하면 양적 성장에 매달리며 공급자 위주의 급속한 도시개발이 팽배했던 시대에 경관 훼손, 지역의 역사 및 문화적 정체성이 손실되면서 이를 회복하려는 시도라고도 볼 수 있다. 이 맥락에서 질적 성장과 르페브르의 도시권 이슈[2], 포스트 모더니즘 시대에 다양성이 중요해진 것 등이 이 회복의 필요성을 고무시켰다. 그리하여 도시는 관리의 시대로 진입하고 수요자 위주의, 지속 가능한(Sustainable) 개발과 질적 성장을 추구하게 된다. 이러한 도시개발의 동향변화와 함께 경관은 기존 '공간의 외연'을 뜻하는 의미뿐만 아니라 공간이 제공하는 경험·콘텐츠와 네트워크, 흐름을 포함하는 개념으로 재인식되게 된다.

---

2) 영문으로는 The Right to the city

모빌리티와 경관

이렇게 재인식된 경관개념은 인간의 생활영역이 산업화 이후 획기적으로 넓어지게 되면서 이전 경관개념과는 다른 특성을 가지게 된다. 직장과 주거의 분리, 도시의 기능분화와 함께 공간을 가로지르는 이동이 활발해졌고, 이에 따라 이동하는 인간, 인간이 넘나드는 공간에 관한 관심이 증대되었다. 이러한 '모빌리티' 개념의 부상은 '조망'과 '시퀀스'의 개념 형성에 영향을 끼치게 된다.

애디(Adey)(2019)는 '모빌리티 연구의 개념적, 비판적 방어구와 무기 개발을 도울 목적'으로 공간적 전환을 적극적으로 반영했다고 표현한다. 또한, 그는 공간적 전환과 함께 모빌리티 연구에 이동적 은유들뿐만 아니라 공간과 장소의 개념 역시 중요하게 고려되어야 함을 주장한다. 짐멜(Simmel)(2005)은 그의 저작에서 19세기 후반 신속하게 변화하며 확장된 대도시가 주는 자극들을 묘사하며 이동에 대한 의미를 적극적으로 은유했는데, 그의 모더니티(Modernity) 대도시에 대한 해석들은 공간을 둘러싼 학계의 관심을 대도시의 실존적 체험에 대한 재전유로 이어지게 했다. 모더니즘과 이동하는 대도시에 대한 맥락은 근대 이후 도시계획에 가장 지대한 영향을 미친 공간적 전환 이후, 도시사회를 바라보는 주요한 틀을 한 번 더 중요한 전환으로 유도했다. 그 가장 대표적인 연구는 어리(Urry)(2012, 2014)의 것이다. 어리(2012)는 "마치 온 세상이 이동 중인 것처럼 보인다."고 표현하며 모빌리티의 시대를 열었다. 그는 이동성과 함께 대두된 현대사회의 변화를 사회의 재정의까지 필요한 일이라고 서술하며 사회로서의 사회성이 '이동으로서의 사회성'으로 재구성되고 있다고 표현한다(어리, 2012: 12).

그는 또한 이동으로 촉발되는 사회구조의 변화가 '기존 사회를 넘어

서는 사회학'으로의 패러다임 전환을 만들고 있으며, 이동이란 현대사
회에 일어나는 많은 현상을 이해할 핵심개념으로 작용하고 있다고 강
조한다. 어리의 논의에서 이동은 단순히 개인의 위치변동 뿐만 아니라
사회, 국가, 세계를 대상으로 온갖 비물리적, 물리적인 개체들이 이동
하는 것을 뜻한다. 따라서 그가 이야기하는 모빌리티는 미시적인 동시
에 거시적이다. 어리는 이러한 전환을 모빌리티 턴(Mobility turn) - 이
동적 전환이라 정의한다. 일상이 된 통근, 타인에게 도달하기 위한 경
로, 상업공간으로 접근하는 생활축을 비롯해서 Urry가 '전 세계에 영향
을 미치는 모빌리티'라 표현한 이동과 관광 역시 국가의 경계를 넘는
하늘 위의 길을 통해 이동하는 행위이다. 따라서 이동은 글로벌 사회와
함께 기존 사회의 주요한 경계였던 국경, 영토를 넘나들고 있다.

이 모빌리티 턴의 시대는 이동방식의 변화에 따라 도시의 조감도적,
투시도적 시각 진술들보다 그 도시 공간을 채우는 인간의 행위에 초점
을 맞춰야 하는 당위성을 만든다. 바이크를 타거나, 차를 타거나, 자전
거를 타는, 요컨대 운송수단에 몸을 맡기고 이동하는 사람들은 각각
특수한 시각 인식방식으로 경관을 체감한다. 모빌리티 위의 시야각은
또한 기술의 발전에 따라 계속 변화하고 그 인식방식 역시 변화하고
있다. 더욱 빠르게 이동하는 모빌리티 수단의 발달, '내'가 직접 운전하
지 않아도 되는 자가용의 탄생, 때로는 이동을 외주 주는[3] 방식까지
사회와 기술의 전환에 따라 이동하는 수단 위의 시선 역시 달라지는
것이다. 종이로 된 지도와 창밖의 풍경을 보며 공간을 지각하고 이동을

---

3) 이러한 이동의 방식의 예로는 음식이나 물건을 사러 이동하는 동선을 '배달자'에
   위임하는 형태가 있다.

해야만 했던 자가용운전자, 네비게이션 화면과 소리를 통해 공간을 지각하는 현대의 운전자와 네비게이션이나 지도 모두 필요없이 공간지각의 과업을 수행하지 않아도 되는 자율주행 자가용의 운전자는 자가용이라는 같은 형태의 교통수단을 사용할지라도 그 경관인지 방식이 다를 것이다. 결과적으로 교통기술의 발달에 의한 인간의 시공간적 방향감각의 전환은 경관 패러다임과 경관 인식의 변화를 만든다. 이어지는 절에서는 경관 인식을 전환한 교통수단의 대표적 키워드인 자동차와 시퀀스, 기차를 통해 경관 인식 변화의 역사를 따라 가본다.

시퀀스의 탄생

"모빌리티란 곧 도시를 점유하는 인간의 힘이 되었으며 사회생활과 문화 형식을 생산하고 또 재생산하는 기제가 되었다(같은 책: 91)."는 어리의 말처럼 모빌리티와 공간, 인간과 사물 그리고 사회는 서로 밀접한 연관을 가지며 서로의 행태를 변화시킨다. 모빌리티에 따라 차량 시퀀스, 보행자 시퀀스 경관이 중요해지는 것은 바로 이러한 변화의 영향이다. 통근의 발달은 곧 건조환경(Built environment)과 그 경관에 영향을 미치며, 나아가 경관을 바라보는 인간의 태도에까지 영향을 미쳤다.

통근의 주요수단 중 인류에게 먼저, 그리고 가장 충격적인 변화를 가져온 것은 철도이다. "철로와 객차의 탄생은 이동하는 인간을 전경이라는 공간에 묶여있는 존재가 아닌 공간을 관통하는 존재로 만들었고, 인간이 인식하는 공간을 전면적으로 확대했다(쉬벨부쉬, 1999)"는 말처럼, 전차의 발달은 영국의 도시경관을 빠르게 변화시키는 폭발적인 기제였다. 먼저 세인트 팽크러스 수도원 제단, 스톤서클 등이 철도가 지나가는 자리에 위치한다는 이유로 없어졌으며, 높이 설치한 철로에 상징적인 경관들이 가려지기 일쑤(게이틀리, 2016: 28)였다. 어리(2012)는 철도의 발전과 함께 경관이 오랫동안 바라보는 스케치 혹은 그림의 대상이기보단 정해진 프레임 안에서 빠르게 지나가는 파노라마적 존재가 되었다고 표현한다. 러스킨 역시 이러한 철도의 발달 함께 발생한 경관과 인간의 비인간화에 대해 "It transmutes a man from a traveller into a living parcel(러스킨, 2011: 117)."라고 표현한다. 인간이 살아있는 소포가 되었다는 것이다. 이는 사물 모빌리티를 둘러싼 사물과 인간 그리고 교통수단의 관계를 생각하면 매우 흥미로운 표현으로, 그야말로 모빌리티 안에서 인간은 언제나 능동적이지 않다는 어리(2012)의 주장이 구현된 문장이다.

철도가 영국의 각 지역을 연결해주게 되면서 교외화가 일어나자 1870년대에는 전원 경관이 주요한 경관 특성이 되었다. 정원은 주택과 주택을 떼어 놓는 기능을 하는 동시에 과시의 대상이었고, 공간의 조성에 맞춰 정원에서 하는 놀이가 발달하게 되었다. 1872년, 중산층과 정원 경관의 발달이 빛이라면 그에 상응하는 그림자가 형성되기 마련이었다. 주택건설의 붐과 함께 저소득층의 거주지와 중산층 거주 지간 상당한 정도의 경관 격차가 일어났다. 게이틀리(Gately)가 난장판 경관이라 언급하는 경관은 '커다란 검은 산처럼 쌓인 악성 폐기물 더미(게이틀리, 2016: 63)'로 대표된다.

기차가 만들어내는 경관은 지상에만 존재하는 것이 아니었다. 1862년 메트로폴리탄 철도의 패딩턴-패링턴 노선은 전 세계 최초의 지하 노선으로, 승객에게 인기가 많음과 동시에 사망자를 땅에 매장하는 문화 때문에 부정적 연상도 생겨났다(같은 책: 67). 문화에 의한 부정적

연상에도 불구하고 결과적으로 지하 노선과 메트로는 전 세계에 퍼지게 되었으니, 패딩턴-패링턴 노선의 개통은 현대의 우리가 목격하는 지하 경관의 시초라고 볼 수 있다.

1891년 자동차의 원형이 개발되고 1912년 미국에서 자가용 소유 100만대(같은 책: 112)를 돌파하게 되면서 자동차 모빌리티는 철도와 함께 주요한 통근수단이 되었다. 자동차와 철도의 근본적인 차이는 철도는 짐멜의 대도시의 몸과 마음 개념이 성립하도록 타인과의 만남과 접촉을 필연적으로 수반하는 반면, 자동차는 '각자 작은 배의 선장(같은 책: 113)'이 되도록 독립된 공간 속 통근이 이루어진다는 것이다. 자유에 대한 꿈과 함께 자가용의 인기는 미국의 도시 공간을 도로 중심적으로 변모시켰다. 고속도로로 연결된 교외의 무분별한 주택개발이나 고속도로와 간선도로로 이어지는 도로 기반시설 조성 계획을 보면 자동차의 발전이 현대 도시경관에 끼친 영향이 상당하다는 걸 알 수 있다. 1960년대 뉴욕시의 고속도로 인프라를 둘러싼 제인 제이콥스(Jane Jacobs)와 로버트 모세스(Robert Moses)의 대결 역시 자동차 중심적 도시계획으로부터 도시경관과 인간의 공간적 실천을 유지하려는 대립을 보여주는 상징적인 사건이다.

결과적으로 통근의 혁명을 만든 교통수단은 경관과 경관을 바라보는 시각 또한 혁명적으로 바꿔놓았다. 이는 비단 과거와 현재만의 이야기는 아니다. 미래의 통근과 그 경관의 변화에 대한 리켄배커(Rickenbacker)의 상상을 보자, "또한 날아다니는 자동차 때문에 시 당국이 건물 높이를 일정하게 규제하고 모든 건물의 옥상들을 하나로 연결함으로써, '각각의 도시 한가운데 방대한 비행장을 하나씩 형성하게' 될 것이었다.(같은 책: 368)" 이는 미래의 통근 모빌리티에 따라 경관이 변화할 것을 암시하며 모빌리티 수단과 경관이 서로 주요한 관계를 맺고 있음을 드러낸다.

교통수단의 발전과 경관

이동은 글로벌 사회와 함께 기존 사회의 주요한 경계였던 국경, 영토를 넘나들고 있다. 세계가 모빌리티로 이어지고 공간의 경계를 넘나들게 되자, 영토를 기반으로 한 아우라 및 정체성 역시 중요성을 잃고 장소 역시 그 중요성이 약화한 것처럼 보인다. 그러나 이동성의 증대에 따라 장소는 단순히 약화되는 것이 아니라 새로운 의미를 부여받는다. 어리가 제안한 사이공간 개념이 그 예가 될 수 있을 것이다. 어리는 상이한 활동분야나 영역이 중첩되는 장소로서 사이공간을 제안한다. 이는 집이나 직장과 같은 거점을 이어주는 이동경로와 중간지점을 뜻한다. 이 '장소'에선 공간영역과 활동의 중첩이 일어나며 선형성보다는 동시성(Simultaneity)이 생성된다. 과거에는 단지 빨리 지나가야 할 '의미 없는 죽은 시공간'으로 여겨졌던 사이공간은 모빌리티의 중요성과 함께 만남과 관계가 만들어지는 공간이자, 정체성을 형성하는 장소로 기능한다. 또한 장소성은 세계화와 함께 각 개인과 사물의 정체성을 만들어낸다. 보편성과 고이동성을 담보한 지구화에선 오히려 개인과 사물이 속한 장소의 장소성이 하나의 브랜드처럼 여겨지는 것이다. 그래서 장소성은 또한 유통의 대상이 되며 다른 장소성과 경쟁한다(어리, 2012).

공간을 가로지르는 사물의 이동과 함께 변화된 양식으로 상호작용하는 각 주, 객체들은 전과 다른 관계를 맺으며 결과적으로 상품은 공간과 기반 속에서 단순히 객체로 기능하는 것이 아니라 그 경계를 넘나들며 '겹치고 얽힌' 네트워크의 층을 만드는 것이다. 도시의 물류창고와 소비자, 공급자, 물건, 그리고 이 모든 것을 연결하는 도시의 도로 인프라는 각각 다른 역할을 수행하며 네트워크를 형성하고, 이 거대한 매커니즘이 새로운 공간적 의미를 형성하게 한다. 이러한 공간적 의미는 그 자체로 이동성에 따른 경관을 형성하게 되고, 우리는 또 그 네트워크에서 새로운 경관경험을 하게 되는 것이다.

이 부분에서는 먼저 이러한 네트워크의 주체가 되는 도로와 철로 등 교통의 인프라가 어떤 방식으로 도시경관에 영향을 주는지에 초점을 맞추어 본다. 아마도 도시계획이나 경관에 관심이 있는 사람이라면 앞서 언급했던 오늘날의 뉴욕을 현현하게 한 도시계획가 로버트 모세스와 『위대한 미국도시의 죽음과 삶』의 작가 제인 제이콥스의 역사적인 싸움에 대해 들어본 적이 있을 것이다. 이 싸움의 주제는 새로운 모빌리티 축인 4차선 고속도로 계획이었다. 그리니치 빌리지(Greenwich Village)를 관통하는 이 고속도로 계획은 지역의 경쟁력을 높이고 현대화하기 위해 제안되었다. 이 도로는 물류와 인간 이동의 편의성을 고도화시키면서 도시를 현대화할 수 있는 기재임과 동시에 차곡차곡 쌓아둔 지역 커뮤니티를 붕괴시키는 절단의 축으로도 작용할 수 있었다. 이 논쟁은 제이콥스의 승리로 끝나며 계획은 빛을 보지 못하고 사라졌지만, 고속도로라는 모빌리티 인프라가 도시의 기능과 경관, 그리고 인간에게 얼마나 큰 영향을 미치는지 알 수 있는 일화이다.

이처럼 모빌리티는 장소성과 개체 간 상호작용의 새로운 의미를 만든다. 그러나 가장 주요한 변화는 인간의 눈으로 쉽게 관찰할 수 있는 물리적 변화일 것이다. 경관의 범주에는 도시의 외관에 포함되는 형태적 요소가 주요하게 다루어졌었다. 통근과 모빌리티의 발달과 함께 경관의 인지 방식 역시 시각적 변화가 있었는데, 쉬벨부쉬(1999)에 의하면 철도의 발달은 풍경을 바라보는 방식을 창밖으로 빠르게 스쳐 지나가는 풍광을 순식간에 목격하는 방식으로 변화시켰으며, 자동차의 압도적인 도로 점유 역시 자동차라는 이동하는 거주시설에서 풍광을 경험하는 방식으로 그 감각의 방식을 변화시켰다. 이러한 도시 모빌리티는 역설적으로 경관을 도시의 중요한 요소로 만들었다.

이동이 활발해지고 도시가 세계적인 차원에서 경쟁하게 되면서, 공간의 풍광을 느끼는 감각지리는 깊게, 천천히, 여러 감각을 자극하는, 걷는 인간의 시선 위주의 특성에서 빠르게, 이동하며, 원근법의 탄생에 따라 더욱 중요해진 시각적 감각 위주의 특성으로 변했기 때문이다. 모빌리티의 발전과 함께 우리는 멀리 떨어진 공간의 경관일지라도 이전의 세대보다 훨씬 더 쉽게 접근해 경관을 즐길 수 있다.

모빌리티와 밀접한 상호작용을 맺는 경관은 현존하는 도시의 모빌리티를 '도시기반시설 경관자원' 중 도로, 철도의 형태로 분석했고, 이 구성요소 중 대부분은 도로, 철도의 형태적 계획이었다. 실제로 모빌리티 인프라가 경관계획에 어떻게 서술되는지를 이해하기 위해 2030 부산광역시 경관계획, 2040 인천광역시 경관계획, 서울특별시 경관계획[4] 중 도로와 철도 부분을 비교해보았다. 표 1-2을 보면 2030 부산광역시 경관계획에서는 도로가 경관유형 상 시가지에 포함되어 조사, 분석되었다. 이때, 도로를 도시경관을 형성하는 매우 주요한 요소로 인식하였고, 경관계획 본문에서도 경관구조 중 관문시설 거점으로 선

---

4) 교통 인프라의 다양성, 수, 인구밀도와 계획의 타당성 등을 고려하여 세 지역을 선정하였다.

정해 가시성이 매우 높은 부산 도로의 특징을 고려해 경관의 질적 수준을 높이는 방안으로 구체적인 계획을 세웠다. 철도의 경우 마찬가지로 시가지 경관자원으로 분류되어 기초조사와 평가 분석이 이루어졌으며, 본 계획에서는 철도역 등의 지점을 관문경관으로 지정해 이를 개선, 관리함으로써 매력적이고 상징적인 경관을 형성한다는 계획을 수록하고 있다.

2040 인천광역시 경관계획 역시 도로를 시가지 유형 중 교통시설로 구분하고 있다. 또한, 계획의 본문에서 주요 도로가 관문거점의 경관 역할을 한다고 보고 이에 대한 연속적인 경관관리의 필요성을 제시한다. 철도 역시 시가지 경관자원으로 분류되어 있으며, 지상 철도의 노출과 철도 구조물의 하부공간에 대해 구체적인 경관 과제를 제안하고 있다. 특히, 노출되어 내 외부에서 경관을 인지하게 되는 지상 구간의 경우 경관특화를 통해 '차장경관 특화'라는 과제의 필요성을 제시하였다. 서울특별시 경관계획의 경우 도로와 철도 모두 계획 내용이 많지는 않은 현황이다. 도로의 경우 경관구조 중 연속적인 경관이 이어지는 개념인 경관축으로 설정해 교통축으로 이름 붙이고 관리방안을 제시하고 있으며, 철도에 대한 계획은 1호선 등 노후역사의 경관 저해요소를 지적하면서 이에 대한 경관개선사업을 제시하고 있다. 또한, 과거에는 근대도시화의 산물이자 주요한 사물 모빌리티의 이동축으로 작동했으나 현재는 폐선된 경춘선 폐선부지를 경관 저해요소로 방치하지 않고 긍정자원화하는 구체적인 방안을 제시하고 있다. 이와 같이 도로, 철도와 같은 이동축은 경관계획의 대상으로서 작용하고 있다.

표 1-2. 부산광역시, 인천광역시, 서울특별시 경관계획 중 도로와 철도 내용 비교

구 분	2030 부산광역시 경관계획	2040 인천광역시 경관계획	서울특별시 경관계획
도 로	· 시가지 경관유형에 도로가 포함 · 도시경관을 형성하는 주요한 요소로 인식 · 경관구조 중 관문시설거점으로 도로를 선정, 가시성이 높은 특징을 강조해 질적 향상을 도모하는 목표 수립	· 시가지 경관유형에 교통시설로 구분 · 경관구조별 가이드라인의 경관권역 중 경관대상에 속함 · 주요도로가 관문거점의 역할을 한다고 평가, 이에 대한 연속경관의 관리 필요성 제시	· 서울시 경관계획은 도로와 철도 모두 계획 내용이 많지 않음 · 도로의 경우 경관구조 중 경관축으로 구분, 교통축으로 관리방안 제시
철 도	· 마찬가지로 시가지 경관자원으로 분류되어 평가됨 · 철도역 등의 거점을 관문경관으로 지정해, 매력적이고 상징적인 경관개선 계획	· 마찬가지로 시가지 경관자원으로 분류 · 지상철도 노출에 대해 경관형성 및 관리 미흡에 대해 평가, 관문기능의 저하 과제 · 철도 구조물 하부의 공간 활용과 지상구간 '차장경관 특화'에 따른 경관특화 필요성 제시	· 철도의 경우 노후역사의 경관저해 문제를 지적 · 이에 대한 경관개선사업 제시 · 또한 근대도시화의 산물인 경춘선 폐선부지를 긍경자원화 하는 경관계획 방향 제시

  자가용과 대중교통이라는 모빌리티가 경관의 인식과 그 구성에 영향을 끼치면서, 빠르게 이동하는 동선 위의 경관 시퀀스의 일상화와 함께 보행자 관점의 경관 시퀀스 역시 그 중요성이 재인식되게 된다. 이러한 보행자 관점 도시 인식의 중요성에 대한 동향은 뉴어바니즘(New urbanism)으로 이어진다. 이는 20세기의 대규모 개발 위주 산업화 시대를 거치면서 도시 공간이 주거와 상업 그리고 공업지역 등으로 토지 용도에 따라 구분되게 되면서 도심의 공동화가 일어난 시대적 배경과 함께한다. 조감도적 시야각에서 이루어지는 거대규모 개발 과정과 자가용 중심 도시계획 속에서 도시의 활력과 매력도가 오히려 저감된 것이다. 뉴어바니즘의 대표적인 활동가인 제이콥스가 주장하는 이웃 관계의 회복, 용도의 복합화, 소통의 공간을 통한 지역 커뮤니티의 활성화, 사람 중심의 도로환경 등을 통해 과거 도시개발을 반성하고, 인간과 환경을 고려하는 공간으로 만들자는 주장은 보행하는 인간을 위한 시퀀스의 중요성을 다시 환기한다.

3) 경관의 구성요소

경관을 구성하는 가장 중요한 요소는 도시의 물리적인 외연이다. 이는 '시각적, 심미적으로 보이는 도시의 외관(한국경관협의회, 2008)'이라는 경관의 정의에 부합한다. 그렇다면 그 도시의 외연은 어떤 방식으로 인지되고 분석할 수 있을까?

하기시마 사토시(2006)는 경관에 대해 특정 장소에서 관찰자의 시야각을 통해 일정 범위를 조망하는 '장면'으로 파악되기에 실제적 경관 경험은 인간의 신체적 경험을 통해 일어나게 된다고 표현한다. 인간의 시야는 유한하므로 경관은 '무한정한 시각정보'로 입력되는 것이 아니라 특정한 고정 시점을 전제로 한 정지 화상으로 조작적인 방법을 통해 획득된다는 것이다. 이러한 경관 구도론은 특정 시점을 보유한 보는 사람의 '시점'과 보이는 '주 대상'을 반드시 포함하게 되는데, 그 구조는 그림 1-2와 같다. 인간은 주 대상을 조망할 목적이 있다 해도 주 대상만을 조망할 수는 없다. 주 대상의 배경으로서 함께 조망되는 넓은 영역을 대상장이라고 한다. 이렇게 고정된 장면으로 경관을 습득하는 방법론 이외에도 각 장면이 연속적으로 체감되는 시퀀스론으로도 경관을 인식할 수 있다. 이는 앞서 언급했던 것과 같이 모빌리티의 발달로 인간 이동의 개념이 중요해지면서 대두된 인식방법이다.

이러한 시점과 조망대상, 대상장의 대상이 되는 도시 공간의 외연은 베이컨(Bacon)(2012)에 따르면 매스와 공간으로 구성된다. 그에 따르면 모든 문화권에서 건축적인 형태는 매스와 공간 두 구성요소가 가진 힘의 철학적인 상호작용의 표현 그 자체이며, 사람과 자연, 우주의 관계를 나타낸다. 또한, 공간의 외연을 나타내는 요소인 형태, 질감, 재

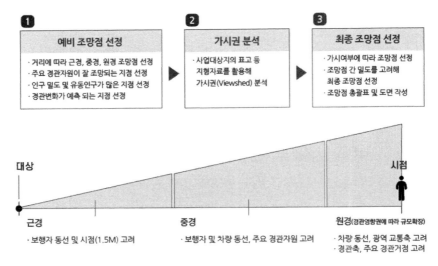

그림 1-2. 조망점 분석의 단계와 과정

료, 빛과 그림자, 색채 등을 건축물의 내부공간과 외부공간이 관계를 갖게 하는 것이 설계자의 기술 영역이라고 말한다. 이러한 설계자의 기술은 각 건축적 요소가 가진 영향력이 도시의 전체 조직을 표현하는 배치의 기술로도 이어진다. 이는 주 대상의 일종인 단위 건축물들의 배치가 도시의 대상장 공간의 형태, 공간의 전체 이미지를 좌우함을 뜻한다고 볼 수 있다.

이러한 도시 외연에 대해 린치(Lynch)(2003)는 '도시는 하나의 시각체'이며 이에 대한 도시민의 경험을 구체화해 공적으로 이미지화하는 작업의 중요성을 강조한다. 린치는 이러한 도시 이미지를 구성하는 다섯 가지 요소를 Path, Edge, Node, District, Landmark로 구분한다. 먼저 Path는 길, 보행로, 운하, 철로 등 인간이 이동하는 모든 선적인 채널을 뜻한다. 이는 공간과 공간 사이의 움직임을 결정짓는다.

Node는 도시나 권역으로 진입하기 위한 점적인 입구나 결절점을 뜻하며, 광장, 기차역과 같은 대중교통 거점 등을 포함한다. 또한, 공간이 가지고 있는 특수한 성격을 보여주는 다각도의 시야각을 제공함으로써 주변 공간의 성격을 최대화시켜주는 역할을 한다. Edge는 공간과 공간 간의 심리적이고 물리적인 선형의 경계를 뜻하며, 연속적으로 이어진 빌딩이나 길, 해안가, 고가도로를 포함한다. District는 공통적인 특성을 가진 하나의 넓은 영역을 뜻하며 상업권역, 차이나타운 등이 포함된다. Landmark는 존재만으로 독특하거나 기억에 남는 형상의 거점으로, 지역에 대한 강한 상징성을 대변하는 요소이다. 이는 거대한 도시 공간 안에서 방향감각을 형성해 도시구조를 파악하게 하는 요소이며 따라서 도시 공간구조의 기본이 된다. 린치의 도시 공간의 이미지를 구성하는 다섯 개의 요소는 대한민국 도시경관 분석의 틀이자 구조의 형성의 토대가 된다. 공통된 성격을 가진 면적인 영역 구분인 District는 경관 권역의 개념에 영향을 끼쳤고, 선적인 채널인 Path와 공간 간의 선형경계인 Edge는 경관축 개념의 토대가 되었다. 점적인 경관단위인 경관거점은 Node와 Landmark를 토대로 발전된 개념이다.

이렇게 도시경관을 형성하는 요소를 특정 시야각을 통해 관찰하는 행위를 조망행위라고 표현한다. 조망행위는 '조망점'에서 이루어지는데, 체계적인 경관기록을 위해서는 관찰 위치의 변동에 따라 데이터의 오차를 저감하기 위해 관찰기준점으로서 조망점이 선정된다. 이러한 조망점은 기본적으로 사람들의 이용빈도가 많아 조망의 횟수 및 기회가 많은 곳을 대상으로 선정되며 보편적으로 조망점과 조망대상의 거리를 기준으로 원경, 중경, 근경의 3단계의 거리구분과 동서남북 네 방향을 고려해 정해진다. 앞서 언급한 Landmark, Node와 같은 경관

거점은 중요한 조망점 선정의 기준이 된다.

조망점은 그 선정 목표에 따라 두 가지로 나눌 수 있다. 중요도가 높은 경관자원이 잘 가시되는 전망대와 같은 조망점은 경관자원 중심 조망점으로 구분될 수 있다. 주로 역사, 문화적 가치를 지닌 경관요소인 Landmark 주변이 경관자원 중심 조망점의 위치이다. 공원, 오픈스페이스, 교통거점 등 이용밀도가 높아 조망행위가 빈번하게 일어나는 공간을 중심으로 형성되는 조망점은 이용자 중심 조망점으로 구분된다 (박명희, 양승우, 2014).

선정된 조망점은 그 조망의 방향에 따라 양각과 부각으로 구분된다. 조망대상이 조망점보다 높은 곳에 있어 인간이 올려다보는 형태의 시야각을 형성하는 조망점은 양각 조망점이라고 한다. 요컨대 문학산 꼭대기를 바라보는 평지에서의 조망점은 양각 조망점인 것이다. 반대로 조망대상이 조망점보다 낮게 위치해 대상을 내려다보는 형태의 시야각으로 관측이 일어나는 조망점은 부각 조망점이라고 표현한다. 조감도의 시야각을 가진 조망점이라고 표현할 수 있다. 예로 문학산, G타워 상층에서 지상을 바라보는 조망점이 이에 해당한다.

조망점의 가시 범위 기준은 조망대상에 따라 달라진다. 조망의 대상은 상징성, 장소성, 인지성의 세 가지 요소를 충족해야 한다. 조망대상이 하나의 단일구조물일 때는 대상 구조물의 최고점이 범위선정의 기준이 되며, 여러 구조체가 하나의 클러스터를 형성하는 복합구조물의 경우는 각 모서리의 복합지점의 최고점을 기준으로 한다.

조망점은 또한 도시의 이미지를 인식하는 관찰기준점으로 기능하기 때문에, 공간에 대한 사람의 경관 인식을 형성하는 주요한 지점이다. 따라서 조망점은 경관 이미지 도출, 경관계획 수립의 기준이 되기도 한다. 도시경관 인식에 매우 중요한 요소인 조망점은 그 선정과정 역시 구체적인 단계를 가지고 있다. 먼저 이미 수립된 상위계획 조망점이 있을 경우 이를 검토하며 이를 고려해 주요 조망행위가 일어나는 지점 들을 표기한다. 이 단계에서는 앞서 언급한 조망점 선정의 기초적 기준 과 조망거리에 따른 원경, 중경, 근경 구분 등을 검토한다. 이렇게 도출 된 초기 조망점은 예비조망점으로서

 1) 주요 경관자원이 잘 가시 되는 곳일 것
 2) 이용밀도가 상대적으로 높은 곳일 것
 3) 향후 현저한 경관 변화가 예상되어 기록의 가치가 있는 곳일 것
 4) 조망대상과 그 배경인 대상장이 조화롭게 조망되는 곳일 것

의 조건을 충족해야 한다. 예비조망점은 조망점 인근의 고도 및 지형을 고려하여 구체적인 가시 영역을 검토한다. 이러한 가시권 분석 결과를 통해 최종 조망점이 선정되는 것이다.

조망점의 선정이 경관을 분석하고 실행함에 아주 기초적이고 필수적 인 단계가 된다는 것은 경관이 지닌 시각 중심적인 성격 때문이다. 경관은 아주 시각적인 개념이며, 앞서 경관을 구성하는 요소가 물리적 외연을 중심으로 형성되어 있는 바와 같이 물리적이기도 하다. 그러므 로 경관을 연구하고 형성하는 많은 기법이 시각적 현상을 포착하는 시퀀스적, 구도적, 이미지적 방법론에 치중해 있다.

그러나 시각과 물리적 외연만을 보는 관점으로 경관을 파악하는 것 에는 경관이 가진 복합적이고 사회반영적인 성격을 이해하는 데 한계 가 있다. 경관을 인식하고 평가하는 많은 지표가 그 외연에 집중해

그림 1-3. 도시의 이미지를 인식하는 기준점인 조망점(사진은 제주시)

있지만 실상 경관은 외연의 영역에만 국한되지 않는다. 과도하게 시각
화되고 물질화되는 경관개념에 대한 염려와 함께, 경관은 김홍중(2005)
이 말한 것처럼 한 사회와 세계를 이해하는 틀로 기능하며, 또한 '동시
대의 어바니즘을 위한 새로운 모델(왈드하임, 2007)'로 기능하기도 한
다. 코너(Corner)(2007)는 과거의 도시설계, 대규모 개발계획의 실패
원인으로 계획가가 '실제 삶의 현상적 풍요로움을 축소하고 과도하게

단순화한 데(왈드하임, 2007: 36)에 있다고 표현하며 경관분석 차원의 확장을 도모한다. 이는 경관이 가진 역사, 문화, 사회적 특징을 대변한다. 도시의 외연은 과정적, 결과적인 형태 모두 거주민의 삶과 맥락 안에서, 거주민이 판단하고 결정 내리는 무수한 선택지 속에서 만들어진다. 쉽게 말하면 경관의 대상이 되는 도시의 외연은 그 도시를 구성하는 거주민과 사회의 영향을 받으며 그 상호작용으로 형성되므로 경관의 분석대상으로 도시의 물리적 외연에만 집중하는 것은 크나큰 위험이라는 것이다.

이러한 경관의 특성은 사회 및 문화, 도시민의 행위에 따른 경관인식 변화에 대한 이론적 고찰의 필요성을 강하게 뒷받침한다.

2. 경관 인식의 변화와 이론적 고찰

1) 사회의 변화와 경관 인식의 변화

사회가 변하고, 기술이 발전하면서 도시의 외연과 인간의 장소감도 변화된다. 장소성은 고정된 공간에 대한 반복적인 인식과 애착을 기반으로 형성되지만, 고 모빌리티 사회, 플랫폼 어바니즘, 상업구조의 변화 등 사회의 변화에 따라 인간에게 다르게 체감되며, 다른 형태로 형성된다. 이러한 장소성의 변화는 공간에 대한 인식인 경관 인식의 방식 또한 변화시킨다.

플랫폼 어바니즘과 경관

메가 온라인 플랫폼이 소비의 주 거점이 되면서 소비공간의 경험 역시 변화하고 있다. 첫 번째 주요한 변화는 온라인 및 모바일 어플리케이션이 소비행위가 일어나는 주요한 거점이 되면서 소비자가 물건을 보고, 결제하고, 수령까지 기다리기 위한 정보를 취득하는 공간 역시 온라인 공간으로 변모되는 현상이다. 대면 소비 상황에서 소비자는 물건을 구매하기 위해 오프라인에 존재하는 가게에 간다. 그 과정에서 소비자는 많은 가게 중 다양한 요인에 의해 가게를 선택하고 디스플레이와 함께 물건을 고르는 경험을 하게 되며, 고른 물건을 판매자와의 대면을 통해 결제를 진행한다. 반면 온라인 인프라 속에서 소비자는 웹사이트나 어플리케이션에서 구매행위를 한다. 따라서 각 웹사이트나 어플리케이션은 어떻게 물건을 보여주는지 마치 쇼윈도처럼 레이아웃을 형성한다. 루리(Lury)(2002)가 존재하는 다양한 사물이 장소 간을 이동하는 과정에서 그 가치를 가변적으로 바꾸고, 이러한 사물들은 장소를 바꾸고, '기억의 재구성에 관여한다.'라는 지적함과 같이, 이동하는 사물들은 상업의 공간을 모니터 속에서 재구성시키고 있다. 이러한 사물과 인간, 공간의 격변하는 결합양식들은 현실의 공간과 함께 '부재적 현존'하고 있다.

그렇다면 이와 같은 온라인 인프라 스트럭쳐(Infra structure)는 장소가 될 수 있는가? 앞서 언급한 대형물류 플랫폼 등과 같은 온라인 쇼핑 시장들은 브랜드 전략(BI)을 통해 어플이나 홈페이지와 같은 사용자 경험을 차별화하고 있다. 핵심이 되는 BI(Brand Identity)는 각 브랜드의 컨셉부터 이를 드러내는 외형까지 다른 브랜드와 차별화하는 도구로서, 네이밍, 로고, 사용 폰트, 색채, UX(User-experience) 디자인을

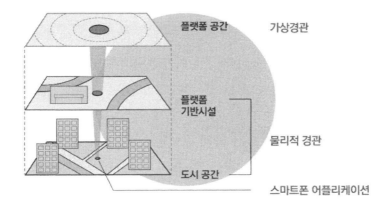

그림 1-4. 시공간의 합치가 일어나는 어플리케이션 화면

포함한다. 배달의 민족은 민트색이고, 마켓컬리는 보라색인 것과 같이 시각적으로 선명하게 브랜드의 이미지를 설명하는 시각 언어이자, 고객의 충성도를 높이는 도구인 BI는 각 브랜드의 서비스 경험의 방향성을 고객에게 전달하며 이를 차별화하고 있다.

그렇다면 온라인 플랫폼이 만드는 가상'공간'은 어떤 특징을 지니고 있으며 어떤 부분에서 공간이라고 부를 수 있는가? 매시(Massey)(2016)가 공간을 상호관계와 상호작용 때문에 구성되는 존재이자, 다중성이 존재하는 영역이고, 끊임없이 재구성되는 존재로 설명(매시, 2005: 35-36)하는 것처럼, 웹사이트를 기반으로 한 온라인 상업공간 역시 그 설명에 부합하는 특성을 갖는다. Web 2.0 이후 플랫폼의 사이트는 사용자와 지속해서, 또 적극적으로 상호작용하고 있고, 다양한 고객층의 유입 및 충성을 위해 그 어떤 매체나 공간보다도 다중성을 띠고 있다. 또한, 상호작용과 오픈소스(Open source)의 특징으로 끊임없이 재구성된다. 온라인 상업공간은 공간으로 인식되고, 특히 스마트폰의 보급으로 항상 이동하는 사람들의 시공간개념과 함께 공존한다.

가상의 상업공간을 이해하기 위해서는 온라인 웹사이트에 대한 이해가 필수적이다. 웹사이트의 발전체계는 인터넷 발전단계인 WEB 0.0를 시작으로 일방적 정보전달만 수행하는 1.0, 보다 적극적인 상호작용이 시작되는 2.0을 넘어 현재는 5.0의 개념도 통용되고 있다. WEB 2.0은 1999년도 도입된 사용자의 정보형성 과정의 참여가 핵심적인 웹 구성 방식으로, 블로거(Blogger)가 대표적이다. 전문적이지 않은 유저들도 자유롭게 정보의 형성 과정에 참여하게 되고, 사전까지 동시다발적 정보체계의 건축이 가능한 위키의 형태로 데이터베이스가 구성되기 시작했다. SNS와 온라인 아고라와 같은 사용자가 상호작용하며 만드는 컨텐츠들은 온라인 공간의 경관(Landscape)을 완전히 다른 방향으로 만들었다. WEB 3.0은 인간사용자와 기계화된 어플리케이션 간의 소통 격차를 줄이기 위해 도입되었다. 웹의 버전이 4.0에 들어서자 정보전달의 물리적 수단의 액정이 PC에서 모바일로 줄어들게 되며, 사용자가 언제나 어느 공간에서나 온라인 공간에 접근할 수 있게 되었다. Web 4.0은 모바일이라는 개체를 통해 현실의 시공간과 가상의 시공간을 연결할 수 있게 되었다.

발전하는 Web의 개념의 단계 인식은 각 단계마다 뚜렷하지 않지만, Web2.0 이후로 항상 사용자와의 의사소통 개념을 발전시키고 있으며, 이는 개방, 공유, 참여라는 가치관을 중시함을 알 수 있다(두경일, 박준우, 2011). 이는 또한 가상공간이 사용자와 사용자 간, 컴퓨터와 사용자 간, 시스템과 시스템 간 원활한 의사소통을 위한 도구로 작용함을 알 수 있다. 이러한 특징을 갖는 온라인 콘텐츠를 OPEN(On-demand, Personal, Network, Engaging) TYPE 유형별 콘텐츠라고 표현하는데,

온라인을 기반으로 한 대형물류 플랫폼들은 이러한 열린 의사소통을 가진 웹사이트를 구축하며 OPEN 유형의 경계를 흐릿하게 하고 있다. 예를 들어, 쿠팡은 웹사이트의 설립목적에 따르면 온라인 상거래를 하기 위한 주문형(On-demand) 웹사이트지만, 고객의 소비 패턴에 따라 최적화된 물건을 제안하는 Personal(개인형) 전략과 리뷰를 작성하고 이를 공식적인 사이트에 공유할 수 있는 등 Networked(연결형) 전략, 지속적으로 사용자와 관계를 유지하고 브랜드에 대한 애착을 형성하기 위해 마케팅, 미디어 콘텐츠로의 확장 등 Engaging(관계형성형) 전략을 모두 도입하고 있다. 이러한 경험 전략을 기반으로 브랜드마다 특수한 가상공간의 경관이 형성된다. 소비자는 특수한 경관을 가지는 플랫폼과 상호작용하면서, 플랫폼과 소통하는 구간에서 가상공간 속 특수한 행위경관을 만들어낸다. 이러한 행위경관은 각 온라인 플랫폼의 데이터 안에서 선명하게 관찰할 수 있다.

스마트폰 어플리케이션 속 가상경관

앞서 언급했듯 각 브랜드는 서비스 경험의 방향성을 시각적으로, 또는 서비스의 질을 차별화하며 경쟁하고 있다. 그리고 차별화되어 설계된 온라인 플랫폼의 웹페이지는 마찬가지로 차별화된 사용자 경험을 제공하며, 이는 곧 각 온라인 플랫폼 공간이 사용자에게 '장소'로 인식되도록 기능한다. 셰드로프(Shedroff)(2004)가 온라인 플랫폼의 사용자 경험 디자인을 구조적 요소, 기능적 요소, 시각적 요소로 구분해 분석하고, 두경일과 박준우(2011)가 웹페이지의 경험을 형태, 색채, 움직임과 같이 시각적 경험으로 분석한 것을 고려해, 이 절에서는 각 온라인 플랫폼의 시각적 경험과 플랫폼이 제공하는 서비스의 기능적 요소를 분석요소로 설정해 국내의 대표적인 온라인 플랫폼으로 쿠팡과 마켓컬리를, 국외의 사례로 아마존과 알리바바 그룹의 타오바오의 사용자 경험을 일종의 행위경관으로 보고, 분석해본다.

쿠팡의 경우 먼셀 코드 B 계열[5]의 색채를 어플리케이션의 기능적 버튼에 사용하고 있으며, 브랜드 아이덴티티는 로고 타입으로, 저채도 저명도와 고채도 중명도 두 가지 타입의 R 고채도 중명도 YR, GY, B계열을 사용해 선명한 느낌을 준다. 타이틀 페이지의 정면부에는 넓은 면적으로 프로모션이 진행 중인 메인 상품을 애니메이션 기법으로 보여주며, 그 위의 상단에는 메뉴바와 개인적 페이지로 링크되는 아이콘이 위치하고 있다. 폰트는 삐침이 없는 깔끔한 Sans-serif(돋움체)를 사용해 각자의 물건이 지닌 특성 등을 강조한다. 주 페이지의 프로모션 섹션만 슬라이드가 넘어가는 형태의 애니메이션을 사용해 특정 부분에 사용자의 집중도를 높이는 전략을 취한다. 기능적인 서비스의 측면에서는 로켓의 아이콘을 사용한 로켓배송을 빠른 배송 서비스의 네이밍으로 선정한다. 로켓배송, 로켓프레시, 로켓직구와 같은 네이밍과 이미지는 빠른 배송을 통한 사용자의 편의를 보장하는 것처럼 느끼게 한다.

마켓컬리는 강렬한 P계열 보라를 아이덴티티 색채로 사용해 브랜드와 아이콘, 이미지에 모두 사용한다. 컬러 서클을 다양하게 사용한 쿠팡보다 선명한 이미지를 준다. 또한, 폰트는 작게, 이미지를 크게 배치

---

5) 색상의 객관적인 표기를 목적으로 하는 Munsell 표색계는 색상을 크게 10개의 단계로 나누는데, R은 빨강, YR은 주황, Y는 노랑, GY는 연두, G는 초록, BG는 청록, B는 파랑, PB는 남색, P는 보라, RP는 자주색을 나타낸다.

해 시각적인 효과를 극대화한다. 사용되는 사진은 마켓컬리 측에서 공통으로 촬영해 무수히 많은 상품이 같은 미감을 전달할 수 있도록 한다. 특히 각 브랜드 이미지가 모호한 채소, 육류 등의 비조리 식품 등은 공통된 연회색의 테이블 위에서 촬영해 깨끗하고 신선한 느낌을 준다. 마켓컬리의 빠른 배송의 브랜드명은 '샛별 배송'이다. 이는 마켓컬리 공식 어플리케이션에 따르면, 1) 산지부터 빠르면 24시간 이내에 배송, 2) 100% 냉장 차량 배송, 3) 친환경 종이 포장재 사용하는 특징을 갖고, 수도권과 충청 지역은 '휴무일 없이 밤 11시 전까지 주문하면 그다음 날 아침 7시 전에 도착하는 모델'을 뜻한다.

　타오바오는 채도가 높은 YR의 포인트 색채를 브랜드와 핵심 아이콘에 사용한다. 배경과 함께 스타일 가이드(Style guide)가 유사배색이 경계 없이 풀어지는 그러데이션 기법을 사용해 부드럽고 현대적인 이미지를 나타낸다. 타오바오의 레이아웃은 배경의 미색 색채 위에 네 부분의 모서리가 라운드 처리된 사각형의 박스로 구성되어 있다. 각 박스는 정보의 섹션을 나누는데, 첫 번째 왼쪽 위 가장 큰 박스는 타오바오에서 진행 중인 프로모션과 테마별 메뉴로 구성되어 있다. 프로모션은 다른 플랫폼과 같이 사진과 그래픽으로 표현된다. 우측의 작은 섹션은 사용자 전용 서비스로 Personal(개인화) 전략의 기능을 제공한다. 판매자도, 구매자도 될 수 있는 기능이며, 전반적으로 앞서 언급된 두 플랫폼보다 전략적 기능을 시각적으로 명확히 보여준다. 중간에 위치한 섹션은 다른 유저의 관심과 추천이 반영되는 공간으로, Networked(연결형) 전략에 따른 기능을 제공하고 있다. 또한, 미디어 콘텐츠를 이용해 상품을 프로모션 하는 Taobao 라이브 미디어를 제공하며 Engaging(관계형성형) 전략을 이행하고 있다. 그 아래 반응형으로 스크롤이 계속 늘어나는 섹션은 나의 온라인 공간 사용방식을 시스템이 취득해 이후 사용자가 관심을 가질만한 물건을 보여주는 섹션으로, 역시 개인화 전략에 따른 기능이다.

아마존은 화이트와 YR의 브랜드 로고와 포인트 색채를 사용하고, 검은색 배경과 흰색 폰트를 상단의 메인메뉴인 GNB(Global Navigation Bar)에 사용해 명도 대비에 따라 내용을 선명하게 보여준다. 이는 아마존의 온라인 공간의 사용 경험에서 GNB가 얼마나 사용성 있게 설계되었는지를 보여준다. GNB 아래 섹션은 명확한 구분 없이 배경을 채워 슬라이드가 넘어가는 프로모션을 보여주며, 프로모션 위에는 화이트의 사각형의 박스로 한 품목 한 품목을 전시하고 있다.

마치 정성 들여 선택한 물건을 전시하듯 전시하는 섹션은 아주 단순하게 상품의 품목명과 사진만 보여준다. 아마존 웹페이지의 주요한 점은 브라우저가 에스파냐어, 중국어, 독일어, 한국어 등 여덟 개의 언어로 번역되고 표시 주화도 접속하는 국가에 맞춰 75개의 화폐단위로 변경할 수 있어 해외의 플랫폼임을 잊게 만드는 경험을 하게 한다는 것이다. 100개가 넘는 나라 구매자의 문 앞까지 배송되는 사용자 경험과 함께 아마존은 글로벌이라는 시공간의 제약을 뛰어넘어 내가 존재하는 시공간이 기준이 되어 부합되는 시공간 경험을 하게 한다.

특정하게 구별되는 온라인 공간의 경관들은 또한 경쟁하는 도시 공간처럼 서로 경쟁하고 있다. 이는 사용자의 브랜드에 대한 충성도를 통해 온라인 공간의 장소성을 형성하기 위한 전략이다. 이러한 장소성의 경험은 가상공간에서뿐만 아니라 현실의 공간에서도 연결되는데, 마켓컬리가 BI 색채인 보라색을 택배 상자나 주요 모빌리티인 트럭에 도입하고, 쿠팡이 로켓의 모티브를 전면에 내세우고, 아마존이 오프라

인매장에서도 상징적인 주황색을 포인트 색채로 도입하는 것이 그와 같다. 가상공간과 현실 공간에서 사용되는 브랜드의 시각적, 체험적 전략과 구독 및 배송 모델의 사용자 경험은 결과적으로 두 공간을 공현존하게 하며, 두 공간의 합이 플랫폼을 경관으로, 또 장소로 기능하게 한다.

이러한 네트워크 가상공간의 장소감은 기술의 발전으로 더욱 정교해져 물리적 공간의 장소감을 보다 확실하게 모방하는 전략을 취하기도 한다. 초월적 가상세계를 뜻하는 용어 메타버스(metaverse)가 그 예이다. 물리적 공간이 아닌 가상의 공간에서 실제 물리적 공간에서의 행동과 경험을 모두 체험할 수 있게 되는 것이다. 이러한 가상공간은 물리적 공간과 상호작용하면서 현실의 공간을 재구성하고(서성은, 2008) 나아가 장소감을 재구성하며 가상공간의 경관으로 인지된다. 가상공간이 경관으로 인지되는 메커니즘은 2023년 초 SNS를 통해 유행했던 메타버스 어플리케이션 본디(Bondee)의 사용자경험에서 엿볼 수 있다. 본디는 가상의 자신, 아바타와 그 아바타가 존재하는 '방'을 꾸밀 수 있는 어플로 이 꾸미기 아이템은 바다를 여행하는 듯한 서브 콘텐츠를 통해서 얻을 수 있다. 이 과정에서 사용자들은 자신의 '방' 이미지와 콘텐츠 내 바다의 풍경을 SNS에 공유한다. 마치 사용자가 바다 위 작은 배 위에 있는 듯한 그래픽은 메타버스라는 가상공간적 동기화 속에 '바다에 해가 뜬다', '예쁘다', '멋지다'와 같은 구체적인 메타버스 경관 체험을 만드는 것이다.

소비재가 되는 인스타그래머블 경관

정보통신기술의 발전과 플랫폼 인프라의 확장으로 모니터 속 가상공간의 경관이 개개인의 삶에 중요한 영향을 미친다면, 스마트폰과 SNS (Social Network Service)의 발달로 현존하는 물리적 공간의 경관을 소비하는 방식이 달라지기도 한다. 많은 사람이 쿠팡, 마켓컬리, 아마존 등과 같은 대형 물류 플랫폼을 사용해 소비 활동을 하게 되면서, 인간의 소비 활동의 공간적 배경 역시 스마트폰이나 PC를 사용하는 일상의 공간이 된다. 대형물류 플랫폼의 서비스가 당일 배송, 새벽 배송 등으로 고도화되면서 기존의 근린상업공간은 상대적으로 쇠퇴하기 시작해 수가 줄었다.

사람들은 일상의 물건을 사기 위해 동네의 소매상에게 가기보다는 인터넷 공간에서 최저가를 검색한다. 이런 면만 보면 대형 플랫폼 인프라가 동네 상권을 사라지게 하고 물리적 공간의 체험을 축소하는 것처럼 보이지만 그 반대의 면에서는 새로운 형식의 장소감을 만들기도 한다.

이는 SNS가 가진 즉각적이고 시각적인 특징에 따라 SNS에 올릴 이미지를 위해 상업공간에서 전과는 다른 활동을 하기 때문이다. 익선동, 서촌, 망원동과 같은 동시대의 소위 '핫플레이스'에 가면 이러한 공간 경험의 양태를 확인할 수 있다. 주로 카페와 레스토랑, 소품들을 파는 편집숍[6] 등에서 더욱 정확하게 목격할 수 있는데, 아름답게 꾸며진 카페의 앞에서, 내부의 특색있는 인테리어, 독특하게 전시된 제품들의 소위 '인증샷'을 찍는 사람들이 그 주인공이다. 이렇게 찍힌 '인증샷

---

6) 판매하는 물건을 가게의 주인이 직접 생산하는 게 아니라, 기존 제하는 제품들을 선정해 소량 입고해 판매하는 구조의 매장으로, 공간의 이미지, 컨셉이 중요한 특성을 가진다.

그림 1-5. 시각적 체험을 하게 하는 인스타그래머블 경관

은 개개인의 SNS에 올려지며 수많은 사람의 시야에 인지된다. 이렇게 그 공간에서만 체감할 수 있는 명징한 매력이 있는 공간은 특정한 장소 감을 만들기도 한다.

사라지는 동네의 소매상과 '인증샷'의 명소인 핫플레이스, 이 물리적 공간 간의 양극화는 모바일 네트워크 기술인 SNS의 메커니즘에 의해 발생한다. 소위 '인스타그램적 공간 – instagrammable space'는 시각적 이미지로 소통하는 SNS인 인스타그램에서 인기 있을 만한 외관을 지닌 공간을 뜻한다. 공간이 지닌 다층적 심상과 행위를 한 장의 이미지로 표현하는 행위는 '한 컷' 안에서 공간의 소비가 이루어지게 유도한다. 상징적인 공간의 전면이 인스타그램 사용자의 과시를 위해 전시되는 순간 그 공간은 행위자에게 과시적 자기표현 공간(김미영, 김지희, 2018)이 되는 것이다.

이러한 인스타그램적 경관의 부흥은 경쟁적인 도시관광 정책에 의해 더욱 과열된다. 이 현상이 뜻하는 것은 인스타그래머블 경관이라는 현상을 각 지자체에서 정책적으로 관심 있게 지켜보고 있다는 것이다. 인천경제자유구역청(IFEZ)은 영종도의 곳곳에 카페거리를 계획하고 있다. 바다가 보이는 경관적 특성을 살려 인스타그래머블한 경관을 창출해 보다 많은 방문객을 집객하려는 노력이다. 특히 영종도의 구읍뱃터에 해변 특화 거리이자 카페거리를 조성해 그 경관에 대한 계획을 세웠다. 높이계획과 색채 및 외장재 계획을 포함하는 이 경관계획에 힘입어, 이 구간은 하나의 인스타그래머블 경관축이 되었다. SNS에 영종도 카페를 검색하면 다양한 카페의 전경 사진이 수없이 뜰 것이다. 이렇게 생산되는 경관 이미지는 아직 가지 않은 사람들에게도 어떤 공간에 대한 선망을 발생시키고, 사진 속의 경험을 대리 체험할 수 있게 한다. 이러한 과정에서 인스타그래머블 경관은 계속 재생산되는 것이다.

2) 인간 중심의 경관개념의 필요성, 행위경관

앞서 얘기했듯 경관이 현대도시에 다시금 중요한 개념으로 자리 잡는 이유는 도시에 대한 질적 가치의 추구, 도시에 대한 권리 이슈의 영향이 크다. 인간의 시각 지각능력[7]을 중심으로 체감되는 경관은 인간을 주체로 하므로 도시에서의 인간의 선택권과 밀접한 연관이 있다. 따라서 우리는 경관을 연구할 때 인간을 중점적으로 볼 필요성이 있다.

만약 누군가 정한 법칙에 따라서 신체가 규제당하고, 특정한 상황에서 특정한 행위를 할 것을 기대 받는다면 얼마나 괴로울지 상상해보자. 상상 속의 경험일 것 같지만 실제로 도시 속 우리의 삶은 많은 경우 그와 같은 구조에 의해 움직이고 있다. CCTV나 경찰차 앞에서는 무단횡단을 하지 않고, 조명 아래서 쓰레기를 허락 없이 내버리지 않는다. 정해진 횡단보도를 걷고 보행을 한다. 또한, 통계조사가 귀찮아도 성실히 임해야 하며, 일방통행 골목 때문에 돌아서 간다. 이는 스콧(Scott)(2010)에 의하면 국가의 규제 아래 '읽을 수 있는' 국민을 탄생시키는 과정이다. 국가는 계획의 존재 이유를 잘 인지하고, 절차마다 모범적으로 국가가 원하는 임무를 수행할 모범적 시민을 원한다. 그 모범적 시민을 양산하기 위해 국가는 계획을 사용한다. 도시민의 행동을 규제하고, 각 개인에게 인구 통계의 항목에 따라 예측할 수 있는 변수를 매긴다.

읽기 어려운 국민은 계획에 의해 더욱 강하게 규제당한다. 루이 나폴

---

7) 그러나 시각적 경험만을 포함하진 않는다. 경관은 청각 경험, 촉각 경험 등 인간의 다른 감각에도 많은 영향을 받는다.

레옹 시절 파리 시장 오스만은 폭도들의 파리진입을 막고 빈곤층을
외곽으로 쫓아내기 위해 도시 입구 경관 형성, 개인위생 요소 향상을
외형적으로 외치며 도시재건을 수행했다. 설계의 승리에 따라 파리는
'읽기 어려우므로' 국가의 '신경을 거슬리게 하는 존재'를 효과적으로
쫓아냈다. 이러한 설계의 어두운 승리는 비단 국가계획의 태동 시절의
전유물만이 아니다. 1970년 이전까지 미국 노동정책부 등의 계획자들
은 이상적인 중산층 백인가정과는 다른 흑인의 가족 형태를 일탈로
낙인찍고, 미국 내 흑인 가족을 분리하기 위해 흑인가정에 대한 주택
소유를 위한 대출거부와 흑인 근린에 특별주의 지구(Red-lining) 지정
을 했다. 어리(2012) 역시 도시계획의 시도를 '폴리스(police)'로 설명,
이들이 국가와 도시에 해악을 끼치는 '이동성'을 규제하기 위해 부단히
도 노력했음을 서술한다.

계획자에 의한 통제를 구현하는 도시는 세넷(Sennett)이 Open city
라고 언급하는 요소들과는 반대의 차원에 존재한다. 그는 2017년 6월
14일에 일어난 런던의 서쪽에 있는 사회적 주택 그렌펠 타워에서 일어
난 끔찍한 화재를 통해 이 닫힌 도시의 폐해를 강조한다. 계획자들의
일방적인 비용대비 효과 중심 외장재 선택으로 인화성이 매우 높은
PE 샌드위치 패널로 둘러싸인 건축물은 주민이 대부분 가난한 사람들
이었기 때문에 더 나은 외장재 선택의 기회를 박탈당한 채 불탔다(세넷,
2019: 262-263). 요컨대 계획자에 의하면, 가난한 사람들을 위한 주택
이기 때문에 저렴한 외장재를 사용했다는 사실을 주민들이 이해하고
그저 감내하길 바라는 것이다. 트라우마를 겪는 주민과 계획자는 서로
다른 언어를 사용한다. 계획자의 말은 주민이 이해할 수 없었고, 주민
의 감정은 계획자가 진심으로 공감할 수 없었다. 그 균열은 결국 주민

보다 계획자의 편이 되었다. 하향적 계획이 작동하는 방식인 것이다.

세넷은 닫힌 형태의 도시(closed ville)로 스마트시티(Smart city)를 꼽는다. 유비쿼터스(Ubiquitous) 기법을 사용한 계획은 계획자가 아니라 시민이 쉽게 참여해 도시형태를 공동으로 구성한다는 착각을 심어주지만, 결과적으로 계획자가 미리 장소를 선정하고, 기능을 결정하며, 형태 역시 정해놓고 시민이 사용하는, 권위적이고 규범적 형태라는 것이다. 또한, 스마트시티는 푸코(Foucault)가 설명하는 파놉티콘의 원리와 흡사한 권력자가 높은 곳에서 모든 것을 파악하게 돕는 구조를 가진다. 시민에게 편리하게 작동하기 위해 불편이 발생하기도 전에 이를 제어하는 시스템은 동시에 시민을 효과적으로 타자화시키기도 한다.

세넷은 이러한 스마트시티의 예로 한국의 송도신도시를 지적한다. 2장에서 좀 더 구체적으로 언급하겠지만, 송도는 바다를 매립한 지역으로 각종 설비를 '스마트화'한 한국의 대표적인 스마트도시이다. 송도는 도시가 형성되기도 전에 권역 전체를 3D 모델로 구현해 보행 용이성, 1인당 녹지이용률, 공공서비스의 서비스 면적 등을 계산해 가장 시민 편의도가 높은 계획을 실현했다. 집안에서는 스마트홈 설비로 각 상점에 자동예약을 할 수 있고, 밖에서도 우리 집의 상태를 관리할 수 있다. 계획자에 의하면 송도 신도시는 가장 편리한 도시가 되어야만 한다. 그러나 세넷은 그렇지 않다고 표현한다. 그는 이 똑똑한 도시가 도시에 살고 있는 사람들의 자율성과 선택권을 간과했다고 표현한다.[8]

---

8) 그가 연구를 위해 방문할 당시 송도는 개발이 막 시작되는 상황이었으므로, 송도에서 오래 거주한 나는 이 표현을 '당시 송도는 시민이 도시를 사용함으로써 형성되는 도시문화의 기반이 거의 없었다.'라고 보완하고 싶다.

그림 1-6. 스마트시티 송도의 전경

합리적 계획에 의해 닫힌 도시 안에서 규제된 도시민의 몸을 교정하기 위해 세넷은 열린 도시가 지닐 공간의 형태를 제안한다. 다양한 상호작용이 일어나는 투과성이 있는 경계인 'Border[9]'가 그중 하나다. Border는 서로 다른 사람들의 교류가 일어날 수 있는 곳이기에 투과성이 있는 모서리이다. 반면 영어에서 Border와 같이 경계를 뜻하는 또 다른 단어인 Boundary[10]는 교통의 빠른 흐름이나 기능적 분리 때문에 생겨나는 단절된 경계이다. 그에 의하면 Boundary는 앞서 언급한 특별주의 지구(Red-lining) 정책이나, 빈민 거주지의 분리와 같이 거슬리는 무언가를 격리하는 공간으로 계획을 통해 도시 관리자에 의한 규제가 일어나는 곳인 반면, Border는 다공성의 공간이다. 저자가 이를 막(membrane)이라고 비유한 것과 같이 이 경계는 두 가지 이상의 공간을 분리하는 기능을 수행하지만 동시에 여러 가지 물질들이 투과해 이동할 수 있다. 따라서 도시계획자는 어떤 공간을 격리의 목적으로 Boundary로 나누는 것이 아니라 투과성 있는 공간을 '도시의 완충지대'로 설계해야 한다. 또한, 저자는 가난한 사람들은 그들 스스로가 건축가가 된다(세넷, 2019: 228-231)고 표현한다. 그들은 공간을 가진 자원의 불완전성 내에 가장 나은 방법으로 구성한다. 이는 불완전성에서 기인하는 도시의 활력을 만든다. 완성된 문장이 아니라 전달하고 싶은 단어의 나열이 더 많은 의미를 가질 잠재력을 갖듯이, 미완성으로 조성된 공간은 그 여백을 인간의 자유의지와 선택이 채우면서 의미를 갖게 된다. 따라서 도시는 열린 결말일 때에 비로소 제대로 기능할 수 있다.

세넷은 공간의 디자인을 다공성으로 디자인해야 한다는 열린 도시를 위한 설계적 과제를 제안함과 동시에, '도시계획'의 단계에서 시민이

---

9) 한국어로는 경계, 가장자리를 뜻한다.

10) Boundary 역시 Border와 유사하게 경계, 경계선을 뜻하지만 세넷은 Border는 상호작용이 가능한 경계, Boundary는 단절된 경계로 표현한다.

도시형성의 과정에 적극적으로 참여할 수 있도록 과정을 재설계해야 한다고 말한다. 이러한 과정에서 공동설계의 방법인 협력적 계획론이 제시된다.

협력적 계획은 상향식 의사결정을 기반으로 하는 계획의 패러다임으로, 기존의 '엘리트 계획자에 의한 도시문제의 해결'을 가능하다고 믿는 합리적 계획방법론의 대안이다. 힐리(Healey)(2004)는 협력적 계획의 주요한 요소로 협력, 참여 토론, 계획의 장소 기반화와 과정화를 언급한다. 세넷 역시 주민들에게 와 닿지 않는 슬라이드를 발표하는 계획자와 그 발표를 수동적으로 구경하거나 혹은 공격하는 주민들의 모습을 풍자하며, 숙련된 제작자와 숙련된 거주자가 함께 계획을 만드는 공동 제작방식을 제안한다. 스티로폼과 플라스틱 조각을 통해 거주자가 직접 모델을 생산하는 과정, 전문가로서 주민을 존중하기, 특정 시점에서 빠지기 등의 방법을 통해 거주자가 계획의 수동적인 이행자가 아닌 능동적인 생산자가 되도록 하는 것이 도시를 과정적인 측면에서 열리게 한다는 것이다. 이는 굉장히 이상적이고 필요한 과제이며 실제로 성과를 내는 방법이다.

르페브르(Lefebvre)는 도시에 대한 권리를 주장한다. 자본주의의 명맥을 이어주는 약으로서 기능하는 도시와 도시계획은 결국 시민을 다양한 방식으로 억압하고 있으므로 도시는 보다 민주적인 절차에 의해 포용적인 모습이 되어야 한다는 것이다. 이를 위해서는 도시혁명이라는 시민의 권리투쟁이 필요하다는 것이다. 이는 시민이 공동 창작하는 작품으로서의 도시에 대한 권리, 규범이 아닌 사용자의 가치판단에 의해 사용될 수 있는 전유의 권리, 공간의 생산과 이용에 결정권을 갖는 참여의 권리를 포함한다. 시민이 응당 가져야 할 도시권의 의미에서 다공성 공간과 협력적 계획은 그 적용에 있어서 여전히 한계점을 가지고 있을지라도 의미가 있다. 수동적인 역할로는 인간의 도시에 대한 애착과 적극적인 도시문화 형성이 어렵다. 다공성의 공간, 협력적 의사결정의 방법과 같은 도시와 인간의 '관계 재정의'를 통해 시민이 주체적인 도시형성이 가능하다. 나아가 깊은 장소감과 도시 브랜드 형성 또한 기대해볼 수 있을 것이다. 도시 속 인간은 이처럼 규제나 합리성에 의해서 움직이지 않는다. 인간은 심지어 충동적으로 본인도 예측하지 못한 행동을 하곤 한다. 따라서 도시민의 행동 패턴을 예측해 도시의 문제점을 해결한다고 주장하는 빅 데이터 기반 도시계획은 명백한 한계가 있으며, 스마트도시 역시 실제로 어떻게 기능할지 계획자의 생각처럼 예측가능하지 않다.

어떠한 단일한 지표도 근대국가가 꿈꿨듯 한 인간을 정의할 수 없다. 도시를 살아가는 시민은 누군가의 엄마인 동시에 운전자일 수 있고 또한 학자일 수도 있고 인근의 카페를 너무나 사랑하는 사람일 수도 있다. 길거리의 다른 호객행위를 무심한 표정으로 지나치던 여성은 우연히 마주친 낯선 할머니의 빠른 퇴근을 위해 전단지를 받아 종량제 쓰레기봉투의 용량을 괜히 채우는 선택을 할 수도 있다. 개인의 정체성이 다차원이라는 것은 이들을 만족하게 할 설계도 다차원적이어야 하며 선택할 수 있어야 한다는 것을 뜻한다. 공간이 가지는 아우라는 공간의 위치 그 자체가 만들어내는 것이 아니라, 그 공간에 존재하는 사람의 선택으로 형성되는 것이다. 세넷은 메데인(Medellin), 바리오(Barrio)의 주민들이 창문가에 팬지 화분을 놓고 앉아 얘기하기 위해 색깔의 의자를 거리에 놓는 장면을 묘사한다. 이는 그 공간에 살고 있는 사람이 주체적으로 공간의 외연을 형성하는 경관경험이다. 도시계획자에 의해 그려지는 조감도 속의 도시경관은 그 자체로는 외관적으로 완성도가 높을 수 있다. 그러나 그 안에 살고 있는 시민의 일상적 경관경험 없이는 도시에 대한 애착을 형성할 수가 없다.

실제로 도시는 완성이라는 것이 없는 개념이다. 통계나 Geo-data를 통해 분석된 데이터는 물론 정량적인 지표로서 도시민의 삶의 질을 높일 수 있다. 그러나 이것만으로는 부족하다. 사람들이 시간을 들여 어떤 행동을 통해 켜켜이 쌓아올리는 경관경험들이 반드시 수반되어야 한다는 것이다. 참여하는 도시경관, 공감하는 도시경관으로 개념과 행정의 경관전략의 초점이 변화하는 것은 이 때문이다.

이러한 변화는 이동방식의 변화에 따라 도시의 조감도적, 투시도적 시각 진술들보다 그 도시 공간을 채우는 인간의 행위에 초점을 맞춰야 하는 당위성을 만든다. 기술의 발달에 의해 전환되는 인간의 시공간적 방향감각은 경관인식에 어떤 영향을 끼치는지, 어떤 공간과 시간에서 인간은 어떤 행동을 하는지, 그 행동은 어떻게 도시의 형태에 영향을 끼치는지에 대해 분석할 필요가 있다는 것이다.

이러한 인간의 행동을 파악해 경관을 분석하는 개념이 행위경관(Task-scape)이다. 행위경관은 인류학자 잉골드(Ingold)(1993)가 기존 경관(Landscape) 개념을 보완하기 위해 제시한 개념이다. 그는 경관이 일련의 형태(공간의 외관)의 집합을 뜻하는 것과 같은 방식으로, 행위경관 역시 일련의 행동들의 집합으로 본다. 행위경관은 장소의 특성이 단순히 외관적인 환경의 변화에 의해서 형성되는 것이 아니라 인간이 관여하는 실천적 활동을 통해 형성된다고 본다. 여기서 실천적 활동이란 인간이 관중(Spectators)의 관점이 아닌 행위의 참여자(Participants)로서 장소와 연관 내지 연속성을 가지고 행하는 활동으로, 이 과정의 집합을 통해 행위자는 '장소'와 연결된다.

잉골드(Ingold)는 또한 "풍경이란 그곳에서 살아오고 자신의 자취를 남겨온 앞 세대의 생활과 노동에 관한 기록과 증거로서 지속한다."(잉골드, 1993; 어리 재인용)고 표현한다. 이 표현에 관해 어리 역시 풍경은 자연이나 문화, 정신이나 물질적 소재가 아니라 그곳에서 살아왔고, 살기 시작하고 또는 방문할 예정인 모든 사람에게 알려진 세계라 표현하며, 따라서 풍경은 기억과 시간성을 가진 장소이며 과거, 현재 그리고 미래가 상호 침투하는 현상은 행위경관을 둘러싸고 순환한다고 서술한다. 어리의 "행위경관이 풍경의 사회적 성격을 빚어낸다(어리, 2012: 226)."는 표현은 행위경관의 속성을 효과적으로 함축한다.

결과적으로 행위경관은 인간의 행위와 공간, 사회의 관계와 상호작용에 의해 형성되는 것이라고 볼 수 있는데, 인간의 행위가 공간과 사회를 구성하는 방식에 관해 기든스(Giddens)는 구조화 이론을 통해 사회나 공간은 인간의 공간적 관행 및 행동양식과 분리될 수 없다고 표현한다. "구조란 실천의 재현 매개체이자 결과물"이며 따라서 주체와 객체라는 이원론이 아닌 구조적 이중성에 대한 논의가 필요하다는 것이다. 하비(Harvey) 역시 마르크스주의를 도시 공간과 조화시키려고 노력하면서 지리적 위치가 개인의 행동 및 전개와 관련이 있다고 표현한다. 대표적으로 행위자는 결국 공간을 통해 자본을 생산하고 재생산하는 것이다. 공간의 사용방식은 권력관계와 밀접한 연관이 있으며 사물 모빌리티와 연관된 사람들과 사물들은 도시환경으로부터 구속과 활성화와 같은 관행에 따라 행동하고 이 행동은 축적되어 행위경관을 만들어낸다.

기든스와 하비는 행위경관이 현대의 공간분석에 중요한 이유인 이용자로서의 인간이 공간의 형성에 밀접한 연관이 있다는 것을 함의한다. 여기서 더 나아가 르페브르는 공간과 인간의 관계에 관해 도시에 대한 권리를 주장하며 도시혁명이라는 시민의 권리투쟁을 주창했다. 이 혁명의 개념에는 시민이 도시를 공동창작할 수 있어야 한다는 '작품으로서의 도시에 대한 권리', 공간을 규범이 아닌 사용자의 가치판단으로 사용될 수 있어야 한다는 '전유의 권리', 공간의 생산과 이용에 결정권을 갖는 '참여의 권리'를 포함한다. 행위경관은 도시권의 개념에서도 중요한 함의를 갖는데, 공간의 행위경관 안에서 인간과 사물은 수동적인 객체가 아니라 분석해야 하는 주체로 기능하며, 따라서 도시 공간의 형태를 구성하고 특성을 만들어 내는데 핵심이 되기 때문이다.

제2장

경관제도

1. 우리나라의 경관제도와 발전사

1) 경관법과 경관계획

경관제도는 경관의 형성과 관리를 위해 제정되는 규제와 유도 등 다양한 기술적 관행이자 절차이다. 국내의 경관관리 제도의 목적은 기본적으로 도시의 물리적 외연과 관련된 건축활동 등을 포함한 사적 활동에 대해 공적인 주체인 도시행정이 사적인 가치가 아닌 공공성의 가치를 기준으로 규제를 가하고, 이 과정에서 일어나는 이해관계의 충돌에 대해 각 이해당사자와 합의를 형성하는 것이다.

국내의 경관제도는 2007년 경관법의 제정 이후에나 하나의 법제로서 다루어졌다. 그 이전에는 도시계획의 각 개별법 일부에서나 경관관리에 대한 항목들이 있었으며 지자체의 경우는 더욱 심각해 산발적으로 운영되어 왔다. 2005년, 농림축산식품부에서 일반 작물 대신 경관 작물을 재배하는 농지에 소득손실액을 지급하는 경관보전 직불제가 도입되었으며, '제 1차 농어업인의 삶의 질 향상 기본계획'에서 농산어촌의 삶의 질을 높일 수 있는 정주환경 조성에 관한 계획, 경관보전과 어메니티 자원화를 통한 농산어촌형 복합산업 활성화 등 경관가치 향상에 관한

계획이 제안되었다. 환경부에서는 농지 산지의 경관보존 및 훼손 방지를 목적으로 하는 자연경관심의제도와 전국 자연경관조사를 실시함으로써 경관보존계획의 기반을 닦았다. 2007년 산림청은 '산지전용 등에 따른 경관영향검토 및 운영지침'을 도입하고, '도시숲 경관사업계획 및 산림경관관리 기본계획'을 수립하는 등 산림경관자원 보존에 대한 제도적 기반을 마련하였고, 환경부는 '우수 경관자원과 조망점 발굴' 사업을 통해 우수 자연경관자원 807건, 우수 조망점 1,195건의 정보를 축적·기록하였다. 이는 단순히 경관자원에 대한 위치, 규모 정보뿐만 아니라 조망점의 조망방향과 각도 등 구체적이고 객관적인 정보값을 포함해, 경관심의를 운영하는 객관적인 데이터로 기능한다. 행정자치부[1]는 국가 이미지 개선과 품격 있는 도시 연출을 위해 옥외 광고물에 대한 정비 개선을 목적으로 하는 '옥외광고물 규제개혁'과 '간판문화 선진화 방안'을 제안했다. 경관과 삶의 질에 대한 관심, 국가와 도시 이미지 관리의 필요성에 따라 각 부처별 경관과 관련된 제도와 계획이 활발하게 제안되는 과정에서 2007년 국토부에서 경관법을 제정하였다. 이에 따라 경관관련 제도가 2007년에 하나의 법으로 제정되어 종합적, 연계적으로 운영이 되기 시작했고, 관련학계와 행정의 발전을 통해 2013년 전부 개정되어 2014년부터 본격적으로 경관법이 운영되고 있다.

경관법

경관관리에 대해 기본법 성격을 가지는 경관법은 '국토경관을 체계적으로 보전·관리하고, 아름답고 쾌적하며 지역특성이 나타나는 국토

---

1) 현재의 행정안전부

및 지역 환경을 조성하기 위해(국토교통부)' 제정되었다. 경관법은 보칙을 포함해 총 7장 34조로, 구체적으로는 1장 총칙, 2장 경관계획, 3장 경관사업, 4장 경관협정, 5장 사회기반시설 등의 경관심의, 6장 경관위원회, 7장 보칙으로 구성되어 있다. 이 구성을 좀 더 들여다보면 규제의 차원보다는 각 지자체의 경관관리의 틀을 구성하고, 지역의 경관활동을 지원하는 목적이 드러난다. 이러한 경관법의 구성 및 목표설정은 경관이 가진 장소에 따라 구성 및 목표가 전면적으로 달라지는 특징에 의거한다. 각 지역은 개발의 진척도, 경관자원 현황과 인식도에 따라 상이한 경관 특징을 갖는다. 따라서 경관관리의 목적과 방향 역시 천차만별이다. 예를 들어 송도 신도시와 원도심 등이 대표적인 경관특징으로 인식되는 인천광역시 연수구와 바다와 섬으로 도서경관을 형성하는 인천광역시 옹진군의 경관목표와 경관운영방향은 매우 상이할 수밖에 없다. 이러한 특성에 따라 경관법은 의무적이고 구체적인 규율이기보다는 유연한 지침의 특성을 갖는다.

각 지자체의 경관자원과 경관특성을 조사 발굴하여 장소성에 맞는 경관목표를 설정, 관리지침을 구성하는 경관계획 항목은 국토교통부 고시인 경관계획 수립지침으로 구체화되었고, 공공 또는 사적 경관활동을 지원하는 경관사업과 경관협정 항목은 구체적 사업의 대상, 경관사업추진협의체 체결, 설립 및 인가에 대한 단계, 이에 대한 재정지원과 감독 등 행정의 역할을 기술한다. 일정 규모 이상의 사회기반시설, 개발사업, 건축물, 경관계획을 대상으로 공공성과 미관을 전문가가 검토하는 방식으로 운영되는 경관심의 제도는 마찬가지로 구체화된 경관심의 운영지침이 국토교통부에서 고시되었다.

경관법은 학계와 행정현장의 성숙과정을 통해 2012년 12월 경관계획 수립지침이 전부개정, 2013년 8월 경관법 전부개정, 2014년 2월 경관법 시행령이 전부 개정되었다. 개정된 경관법의 주요 변경사항으로는 국가차원에서 경관정책의 방향을 설정하는 경관정책 기본계획의 수립이 의무화 되었고, 지자체 중 인구 10만 명을 초과하는 지역은 이전까지 임의로 수립하였던 경관계획을 의무적으로 수립하도록 변경되었다. 또한, 도지사의 승인을 받아야 했던 각 시·군 경관계획을 각 시·군이 직접 확정 및 승인을 할 수 있게 되었고, 경관심의의 대상 역시 경관계획 및 경관사업에서 사회기반시설, 개발사업, 건축물 등으로 확대되었다. 이는 경관 관리의 주체와 대상이 명확화하고, 각 지역의 경관적 특징을 강조하는 계획 수립을 장려하기 위함이다.

경관정책 기본계획

국토교통부는 경관법 제 6조에 따라 '국민이 아름답고 쾌적한 경관을 누릴 수 있도록 국토경관 형성 및 우수한 경관의 발굴·지원·육성을 위한 경관정책의 기본방향과 전략을 제시하는 기본계획'을 5년마다 수립 및 시행해야 한다. 이러한 법적 수립근거에 따라 제 1차 경관정책 기본계획이 2015년에 처음으로 수립되는데, 이는 국가경관정책의 비전 및 정책목표와, 이를 실현하기 위한 추진전략, 목표달성을 위한 정책과제, 이를 이행하기 위한 구체적인 실천과제와 단위사업을 수반한다.

제 1차 경관정책 기본계획에서는 중장기 추진계획으로 3번의 재정비와 그 목표를 설정한다. 1차 계획은 2015~2019년을 그 시간적 범위로 설정하며, 경관에 대한 국민 인식 고취와 지원체계를 수립하는 등 '기반구축 및 정착 단계'의 계획이다. 2차 경관정책기본계획은 그 시간적 범위가 2020년부터 2024년이며, 2차 계획의 목표는 '국민주도의 경관

1차 (2015-2019)	2차 (2020-2024)	3차 (2025-2029)
기반구축 및 정착	**내실화 및 활성화**	**체계화 및 고도화**
국민 인식 고취와 지원체계를 수립	국민주도의 경관관리 실천	지속가능한 경관관리

그림 2-1. 경관정책 기본계획의 차수별 목표
(출처: 국토교통부(2015), 제1차 경관정책 기본계획)

관리 실천'을 포함한 내실화 및 활성화이다. 3차 경관정책기본계획은 2025년부터 2029년까지 시간적 범위가 설정되었으며 그 목표는 경관정책의 '지속가능한 경관관리'를 비롯한 체계화 및 고도화이다.

제 1차 경관정책 기본계획의 배경은 경제성장이 진척되며 성장여건의 변화에 따라 저성장시대로 진입한 국토관리의 패러다임에 있다. 대규모 개발위주의 고성장 국토관리 패러다임에서는 하향식 개발방법과 양적 가치가 우선되었다. 그러나 저성장 국토관리 시대에는 대규모 개발보다는 사회적 여건에 부합하는 상향식 개발방식과 질적 가치에 대한 요구가 고취된다. 국토경관을 둘러싼 동향 역시 이러한 국토의 질적인 개발과 관리에 대한 요구에 기반해 변화하게 된다. 또한 국민의 문화적 수준이 높아짐에 따라 문화, 관광 레저사업이 발달하게 되고 이는 문화 관광사업이 이루어지는 도시의 경관자원의 활용도가 높아지며, 도시 매력도를 증진시키기 위한 경관 연출 필요성의 대두로 이어진다(국토교통부, 2015: 3).

제 1차 경관정책 기본계획에서는 대한민국 국토경관의 현황 및 문제점을 "다양한 경관요소에 대한 우수한 경관자원이 풍부함에도 불구하고, 경관형성 및 관리체계 미흡으로 경관훼손 및 특색 없는 경관형성 초래(같은 책: 6)"로 지적했다. 또한 이러한 문제점의 원인으로 "국민인식의 미흡, 경관관리주체의 역량부족, 기 존재하는 경관관리제도의 실효성 미비, 경관관련 연구개발 부족"을 꼬집는다. 이러한 국내 국토경관 문제를 해결하기 위해 "100년을 내다본 국토경관 실현(같은 책: 12)"이라는 경관정책의 기본방향을 수립하여 경관의 고도화가 '국민복지 실현의 기본전제'라는 인식하에 대규모 개발사업부터 생활밀착 공간까지 경관자원의 보전, 형성되어 '국토의 미래 가치를 극대화'하고자 하였다.

경관법에 의거, 경관정책 기본계획의 재정비 기간인 5년 경과해 2020년 제 2차 경관정책 기본계획이 수립되었다. 5년간 변화한 국토 여건 변화와 1차 경관정책기본계획에서의 성과 및 개선점 도출을 진행했는데, 2019년 기준 1차 세부사업 61개 중 약 30개가 사업이 이행되어 50%정도의 성과를 달성했다고 진단한다(국토교통부, 2020: 4). 전략별로 이행도를 평가하자면 첫 번째 전략인 경관가치 인식확산이 이행도가 64%로 가장 많이 완료되었으며, 세 번째 전략인 경관행정 기반구축이 25%, 두 번째 전략 경관관리 역량강화가 11% 이행도를 보이고 있다. 전략에 따라 편차가 심각한 이행현황과 보완점, 인구감소와 고령화, 여가 및 관광 트렌드 변화, 기술의 발달에 따른 국토경관관리방안의 대두 등 변동하는 국토경관 여건을 고려해 재정비 시간적 범위에 적합한 추진방향을 도출하고 이에 따른 2차 경관정책 기본계획의 추진전략을 도출하였다. 1차에서 수립한 경관정책의 목표인 국민이 공감하는 경관가치 정립과 지속가능한 국토경관 형성체계 정립은 국민체감 국토경관 형성, 지역주도 관리기반 확립, 국토경관 미래가치 창출이라는 세 가지 목표로 수정되었고, 이에 따라 추진전략 역시 경관관리체계 실행력 강화, 우수경관 형성 및 관리, 경관문화 창출 및 확산으로 설정되었다.

경관계획의 비전: 국민과 함께하는 100년의 국토경관

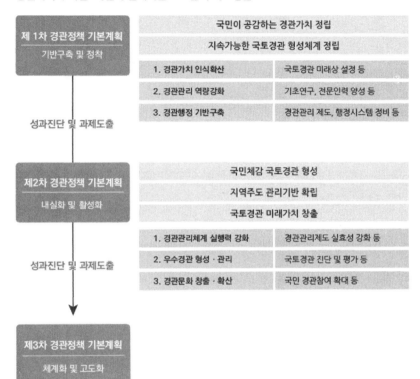

그림 2-2. 경관정책 기본계획의 단계별 목표 및 전략변화

　2차 경관정책 기본계획의 주요한 변화로는 기전 경관관리의 방안으로 제안, 실행되었으나 실행력이 부족해 활성화되지 않은 중점경관관리구역 제도를 활성화 하고자 경관계획 및 심의 기준 마련 등 구체적 운영방안을 추가해 개편했다는 것이다. 또한 도시계획 따로 경관계획 따로 운영되어 연계성이 부족한 운영체계 자체를 지구단위계획과 중점경관관리구역의 연계로 실효성 있게 변경하였다. 또한 플랫폼 기술과

3D 공간정보 표기 기술을 활용해 경관정보를 국민에게 쉽게 홍보, 인지시켜 경관인식도를 높이고자 한 과제 역시 중요한 정책변화 중 하나이다.

경관기본계획

경관계획은 경관계획수립지침 1장 2절에 의하면 "지역의 자연경관 및 역사·문화경관, 도시·농산어촌의 우수한 경관을 보전하고, 훼손된 경관을 개선·복원함과 동시에 새로운 경관을 개성 있게 창출하기 위한 정책방향, 기본구상 및 계획을 수립하고, 그 실행방안 등을 제시하는 해당 지방자치단체의 자치적 법정계획(국토교통부, 2012: 3)"으로 정의될 수 있다. 따라서 경관계획은 지역의 경관자원을 기반으로 지역현안에 맞고 독창성 있는 규제적, 유도적 방법을 통한 경관관리 방안을 제시하는 지방자치단체 주도의 계획이다. 경관계획은 기전 그 수립이 자율적이었으나 경관법이 개정되며 인구 10만 명을 초과하는 시의 시장과 군의 군수는 경관계획의 수립이 의무가 되었고, 그 이하인 지자체의 장의 계획 수립은 여전히 자율적인 것으로 조정되었다.

경관계획은 그 유형에 따라 기본경관계획과 특정경관계획으로 나눌 수 있다. 기본경관계획은 수립지역 전체를 대상으로 경관자원조사와 주민의식도 조사 등을 통해 경관현황을 진단하고 이에 따라 지정된 목표연도에 맞춘 경관 목표 및 미래상을 설정한다. 도출된 미래상에 도달하기 위해 기본방향 및 경관의 보전, 관리, 형성 전략과 함께 지리적 공간을 기반으로 한 계획을 수반하는데, 수립지역의 경관관리단위를 경관권역, 축, 거점으로 나누어 계획되는 경관구상도가 그것이다. 특정경관계획은 특정한 경관유형 및 요소, 지역을 대상으로 수립하는 계획으로, 기본경관계획이 기본방향 제시를 목표로 한다면, 특정경관계획은 실행방안에 해당한다. 다양한 특정경관계획이 있지만 옥외광고물 계획, 야간경관계획, 색채계획 등이 이에 해당한다.

경관계획 수립지침에 의하면 기본경관계획은 6개의 내용을 포함해야 하는데, 계획의 배경과 시간적, 공간적, 내용적 범위를 포함한 계획의 개요와, 지역의 경관자원을 조사하는 경관현황조사 및 분석, 기본방향과 추진전략, 경관구조를 포함한 경관기본구상, 도출된 경관구조의 계획 및 관리방안을 제안하는 경관기본계획, 각 경관구조에 대한 경관설계지침과 관리방안을 제시하는 경관가이드라인, 이러한 계획의 실행성을 높이는 실행계획으로 이루어진다.

2014년에 경관법이 전부 개정됨에 따라 경관계획을 의무적으로 수립해야 하는 지자체는 전체 243개 중 85개이다. 2019년 기준 전체의 56.8%를 차지하는 138개의 지자체가 경관계획을 수립하였다(심경미 외, 2021: 2). 광역자치단체는 모두 경관계획을 수립했고, 인구 10만 명을 넘어 경관계획 의무 수립 대상인 기초자치단체 68곳이 모두 경관계획을 수립한 것이다(같은 책: 26-27). 또한 5개년 마다 재정비를 해야 하므로 더욱 더 많은 지자체에서 경관계획을 수립, 발전시킬 것이다. 그 과정에서 경관정책기본계획의 목표 변화, 도시 패러다임의 변화, 행정과 시민 간 이해관계의 변동 등이 일어나며 경관계획에서의 주안점이 변경되고 있다. 초기 지역별 경관계획은 지역의 경관자원 조사를 통해 경관 미래상과 기본방향을 설정하는 데에 큰 방점을 두었으나, 2020년 이후에 수립 및 재정비된 경관계획은 관리체계의 구체화, 고도화에 초점을 맞추고 있다. 행정에서 경관을 관리하는 구체적인 구역인 경관지구, 중점경관관리구역의 위계 및 관리주체를 확립하고 관리의 효율성을 높이는 방안을 제시하거나, 시민, 행정, 사업시행자 등 경관 행정의 각 이해관계자가 이해하기 쉬운 가이드라인의 수립 등이 그 예이다.

2) 경관협정

경관협정은 특정 영역의 토지를 대상으로 그 토지의 소유자 등이 만장일치의 합의를 통해 토지 내 쾌적하고 아름다운 경관의 형성과 관리의 약속을 체결하는 제도이다. 이는 법률, 조례 등과 같은 기존 도시경관 행정절차, 매번 일어나는 개별사업자의 크고 작은 건축행위 의 연속으로는 경관계획에서 추구하고자 하는 주민 삶의 질을 높이는 생활경관 조성, 마을단위의 경관 개선, 경관의 유지관리에 한계가 있기 때문에 도입된 제도이다. 경관협정은 토지 소유자 등이 합의를 통해 체결되는 마을규약과 같은 형태를 취하지만, 행정으로부터 금전적 행 정적 지원을 받을 수 있다는 주요한 특징이 있다. 각 지자체마다 다르 지만, 협정 시 재원이 필요한 항목에 대해 일정비율은 협정 체결자들이 부담하고, 일정비율은 지자체가 부담하는 형식이며, 협정 자체도 행정 적 구속력을 갖게 된다. 경관협정의 내용은 경관법을 고려해 그림 2-3 과 같다. 크게 상업과 주거로 나뉘는 대상에 대해 건축물 외관에 관련 된 사항, 옥외광고물, 건축의 대지 및 옥외 설비 위치, 건축물과 그 외 외부공간, 토지의 보전, 역사 문화 경관의 관리 및 조성, 도로의 미관, 야간경관 및 조명에 대한 항목이 협정에 포함될 수 있다.

경관협정의 구체적인 체결 구조는 주민과, 지방자치단체, 경관협정 자문단의 상호연계 및 협력체계로 이루어진다. 주민은 경관협정의 주

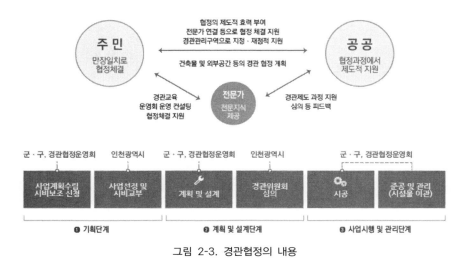

그림 2-3. 경관협정의 내용

체로서, 경관협정 준비위원회, 협정 운영회를 조직 및 설립할 수 있고, 경관협정의 체결과 운영 그리고 관리를 담당한다. 지방자치단체는 경관협정의 인가와 같은 행정실무를 담당하며, 협정과정의 자문, 지원금 지급, 사업실행력의 강화 등 행정적 지원을 수행한다. 경관관련 전문가와 공무원으로 구성된 경관협정 자문단은 협정내용과 설립절차, 운영과 관리과정에서 자문을 수행한다.

　연계와 협력의 과정과 함께 경관협정의 추진단계는 다섯 단계로 나눌 수 있다. 첫 번째 유도단계에서는 경관협정의 취지를 지자체가 홍보하고, 협정이 필요한 후보지를 시급성과 실효성을 고려해 선정한다. 이후 주민조직의 현황을 파악하고 협정을 리드할 수 있는 주민리더를 뽑는다. 기획단계에서는 선정된 주민리더의 주도로 경관협정 준비위원회가 구성되고, 주민워크숍을 진행해 의견수렴을 통한 협정의 초안이 작성된다. 이후 초안을 대상으로 한 위원회와 지자체, 자문회의 검토와 보완이 이루어지고, 협정 체결자의 범위를 확대시키는 등 의사결정 구성을 확정하여 경관협정 운영회 설립신고와 함께 협정이 발의된다. 체결 및 인가단계에서는 전문가의 협정서 검토와 행정지원체계의 마련이 이루어지고, 최종 체결되어 지자체장에게 인가신청을 하게 된다. 이 단계에서 경관법 제 29조 1항에 따라 해당 지자체의 경관위원회의 심의를 거치게 되며 이를 통과할 시 공고되어 주민이 열람할 수 있게 된다. 경관협정의 효과는 협정 체결자에게만 발생되며 이 효력의 시간적 범위는 일반적으로 5년 내지 10년의 협정서에 적시된 기간을 따른다. 협정 체결자의 범위가 토지의 소지자 등으로 규정되어 있으므로 토지를 매매하거나 양도, 증여하게 될 경우에 대해 협정서에 기입하게 된다. 경관협정과 유사한 제도로는 건축법 제 77조에 따른 건축협정이 있다. 이는 토지 또는 건축물의 소유자가 건축행위를 시행하고자 할 때 이웃한 필지의 소유자와 협정을 체결해, 건축물의 용도와 세부사항을 규약함으로써 시·군구에게 하나의 필지로 인가를 받는 제도(건축법 제 77조 4)이다.

경관협정, 건축협정 같은 주민의 주도로 인근의 주민과 함께 경관사업을 실행하는 방식의 경관 사업의 의의는 경관이라는 주민의 삶과 매우 밀접한 토지의 가치 형성 과정이 주민주도의 패러다임으로 운영되어야 함을 함의한다. 정부나 시·군·구 단위의 행정에서 쉽게 간과되는 경관의 삶의 질적 측면을 주민이 주도적으로 의견을 내는 방식의 사업을 통해 그 간극을 채우는 것이다. 또한, 경관은 장기적으로 형성, 관리되어야 하는 가치이므로 행정 주도의 사업 이후에 이를 유지·관리하는 체계가 필요한데, 이 때 경관협정과 같은 주민주도의 경관약속이 경관의 유지·관리를 지원할 수 있다.

그림 2-4. 경관협정이 진행된 백령도의 모습

그러나 2007년에 제도가 제정된 이후로 제대로 운영되고 있는 지자체는 거의 없으며 대부분이 제도의 취지와는 다르게 행정이 주도해 체결, 운영되고 있는 실정으로 제도가 정착되지 못했음을 보여준다. 실제로 백령도의 경우 연화 1,2,3리, 가을 2리, 북포 1,2리, 남포 1,2리, 진촌 2,3리 등 총 10개의 지역에서 옹진군청 서해 5도 지원단의 주체 아래 경관협정이 진행되었다. 각 마을은 가지고 있는 경관자원과 현황에 따라 그 목표와 협정내용을 달리 했다. 심청각이 근처에 있어 심청이 마을로 불리는 진촌 2리의 경우 마을 이곳저곳 심청이가 그려져 있다. 협정에 따라 벽화, 전봇대 등에 그려진 그림은 관리가 되지 않아 나무에 가려져 있기도 하다. 집 앞 각 가구별 사적 공간인 마당과 화단 역시 제각각 관리가 안 되어 있고, 몇 개의 마을은 공사업체가 사라져 이행도 되고 있지 않았다. 무엇보다 가장 중요한 것은 경관협정에 대한 지역주민의 인식이 턱없이 부족했다는 것이다. 주민들은 '지자체에서 경관조성을 목적으로 지원금과 사업실행을 한다.' 정도로 생각하고 있었으며, 따라서 경관협정의 소기 목적인 주민이 주도해 지속가능한 경관형성은 달성에 실패한 것이다.

도시계획의 패러다임이 변화하며 주민이 주도해 의견과 관리를 행한다는 사업의 형태는 물론 바람직하다. 특히 마을 단위의 경관은 공공성보다는 삶의 터전의 의미가 더 강하기에, 일상에서 경관관리를 한다는 발상 역시 매우 타당하다. 그러나 시민참여라는 패러다임의 제도의 핵심은 시민의 역량을 강화시키는 것에 있다. 좋은 의견을 내고, 공공성에 기여하며, 삶의 터전을 자립적으로 유지관리할 의지와 능력을 가진 시민이 필요한 것이다. 필자 역시 다양한 경관사업과 도시재생 사업에서 경관협정 제도에 매력을 느끼고 이를 증진시키려는 시도를 해왔다. 제도의 소개, 시민 교육과 같은 시도 중 문제는 매우 초기부터 발생한다는 것을 깨달았다. 복잡하고 어려운 경관협정의 발의 과정은, 시민에게 굳이 이렇게 고생해서 달성할 만큼 그 보상이 매력적이지 않았다. 또한 일상생활의 경관문제는 민원으로 해결하는 것이 당연하다고 생각했다. 굳이 사람을 모아서, 협의체를 만들고, 많은 양의 서류를 쓰고, 지자체와 상담하기엔 더 쉽고 빠른 방법이 있으므로 시민 스스로의 과업을 굳이 질 필요가 없었던 것이다. 이러한 제도의 수요와 공급 딜레마 속에 경관협정 제도는 외면받고 있다.

2. 인천광역시 경관제도 도입과 발전사

국가적 차원의 경관제도를 파악했으니 이제 인천광역시에 초점을 맞추어 인천광역시 경관제도와 발전사를 포착해보자. 인천광역시는 경관계획 및 조례 수립에 있어 선도적인 행정으로 인정받고 있다. 2017년 경관행정 우수사례 경진대회에서 '수요자 중심 경관심의 운영'대상을 받았으며, 2019년에는 제 3회 경관행정 우수사례 경진대회에서 '소통과 협업을 통한 경관기록체계 구축'으로 최우수상을 수상했고, 2023년에는 국토교통부 주관 2023 대한민국 국토대전에서 경관행정 계획부문 장관상을 수상했다. 따라서 인천광역시 경관제도와 행정은 전국적 단위에서도 선도적인 위상을 차지한다고 평가할 수 있다.

1) 경관조례와 경관계획

경관조례

경관법과 같은 법률은 국회에서 제정되는 국가차원의 입법인 반면, 조례는 각 지방자치단체 차원에서 제정된다. 경관조례는 경관법 시행령에서 각 지자체에 위임한 사항과 그 시행에 필요한 사항을 규정하는 것을 목적(인천광역시 경관조례 1장 1조)으로 재정된다. 따라서 지자체별로 다른 구성과 목적을 갖는다. 2021년 9월을 기준으로, 198개 자치단체가 경관조례를 제정하였다(심경미 외, 2021: 20).

인천광역시 경관조례에서 정하는 시장의 권한은 33조에 따르면 경제자유구역을 제외한다. 경제자유구역 영역 내에서 일어나는 경관행정의 권한은 경제자유구역청장에게 위임되기 때문이다. 조례는 총 8장 33조로 구성되어 있는데, 그 중 1장에서는 각 시의 경관관리 기본원칙을 제안한다. 인천광역시의 경우 '국제도시에 어울리는 매력적인 경관형성을 목표로 하며, 시의 자연·역사 및 문화적 특색이 강화된 도시경관을 형성하고 시민의 삶의 질을 향상하는 데 이바지 하는 것(인천광역시 경관조례, 1장 2조)'을 원칙으로 한다. 또한 지자체장이 지역 경관을 증진시키기 위해 해야할 책무와 협력의 의무를 정의한다. 2장은 경관계획에 대한 절차 및 내용을 구체적으로 표기한다. 3장에서는 각 지자체가 구분하는 경관사업의 대상을 정의하고 이에 대한 사업계획서 작성부터 사업 추진협의체의 조직 및 운영방안, 재정지원을 제시한다. 4장은 경관협정에 대한 내용이며, 협정 체결자의 범위, 내용, 사업계획서에 반드시 포함되어야 하는 항목을 수반한다. 5장과 6장은 경관심의와 위원회 운영에 관한 내용을 포함한다. 7장은 도시미관의 개선을 위한 제도 및 지원을 기록하고 있다. 야간조명의 권장 및 설치와 도시경관관리를 위해 인천시의 경관 변천사를 기록하는 내용이다. 이 32조 도시경관의 기록 항목은 타 경관조례와 비교해 인천광역시 경관조례의 차별점이라 할 수 있는데, 서울특별시 등 타 지자체의 경관조례에서 도시경관 기록화 사업은 하위항에 간단한 설명과 함께 표기되어 있는 반면, 인천광역시에서는 하나의 조로 분리하여 그 목표와 구성, 구체적인 대상까지 제시하고 있다. 인천광역시 도시경관의 기록은 지역내 경관을 5년마다 기록하여 인천의 경관 변천사의 자료로서 보관됨과 동시에 경관관리의 정책자료로 사용된다는 목표를 갖으며, 공유수면 매립 사업 중 규모가 10,000제곱미터 이상인 사업과 개발면적이 50,000 제곱미터 이상인 사업 등에 대해서는 시장이 사업시행자에게 개발 전후에 대한 사진기록을 요청할 수 있다.

광역 경관기본계획

인천의 광역 경관기본계획은 2010년 2025 인천광역시 기본경관계획으로 수립되었으며, 2017년 2030 1차 재정비를 수행하였다. 2023년 2040 인천광역시 경관계획 재정비를 공표하게 되면서 두 번째 재정비, 3번째 광역경관계획을 발간하였다. 인천광역시 내 군구 경관계획은 11개 군구 행정구역 중 중구, 동구, 미추홀구, 연수구, 남동구, 서구, IFEZ 등 7개가 수립하였다. 그 중 남동구와 IFEZ는 최초 공표이후 5년이 경과하면서 재정비 계획을 수립하였다. 2010년 공표된 2025 인천광역시 경관계획의 목적은 '국제도시로 발전하는 인천시 위상에 걸맞은 이미지 창출'을 위한 '인천시만의 고유한 도시경관 형성과 정체성 확보'이다. 경관현황조사를 통해 인천시의 대표 상징 이미지를 도출했는데, 국제도시의 이미지, 해양도시 이미지, 역사와 문화의 도시 이미지, 정주도시 이미지, 공업도시 이미지가 그와 같다. 여기서 다소 부정적인 의미인 공업도시 이미지를 탈피하고, 나머지 네 이미지를 강조하는 방식으로 경관 미래상을 설정했다. 또한, 인천시의 이미지를 모두 종합해 대표적인 이미지를 통합한 경관 비전으로 '역사와 생활이 조화된 해양 국제문화도시 경관창출'을 선정하였다.

이후 2014년 경관법 전부 개정이 됨에 따라 군·구 단위의 경관계획이 가능해지며, 인천광역시의 경관계획이 상위계획의 역할을 하게 되었다. 제도와 도시여건의 변화에 따라 2017년, 2030 인천광역시 경관계획이 공표되었는데, 이 계획의 목표는 인천의 경관현황 조사체계와 경관관리 시스템을 구체적으로 구축함으로써 '인천만의 독창적 경관 컨텐츠'를 창출하고자 하였다. 경관현황조사와 경관인식조사를 통해, 경관행정 시스템의 보완, 기존재하는 경관자원의 재발견, 부정적인 경

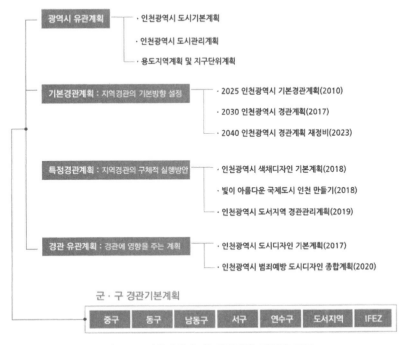

그림 2-5. 인천광역시 내 경관관련 계획의 구조

관인식도의 개선 등의 과제를 도출하였고 이를 종합하여, '함께 꿈꾸는 미래유산, 인천경관'이라는 경관비전을 선정하였다. 2025 경관계획과 비교하면 경관행정 과정에서 시민과의 소통을 우선하는 등 경관 시스템에 대한 계획이 강조되었고, 경관자원의 발굴과 활성화 등 새로운 경관자원을 만들기보다는 관리하는 방향으로 조정되었다.

2023년 6월 26일 공고된 2040 인천광역시 경관계획은 2020년 4월에 착수를 시작해, 2040년을 계획의 목표연도로 두고 있다. 영종, 청라, 송도의 경제자유구역을 제외한 강화군, 서구, 계양구, 부평구, 동구, 중구, 미추홀구, 연수구, 남동구, 옹진군을 그 공간적 범위로 두며,

내용적 범위로는 직전 경관계획인 2030 인천광역시 경관계획의 평가, 기초조사, 기본방향 및 목표, 구상의 정비, 각 경관구조별 가이드라인과 실행계획, 경관 관련 교육 시행 및 경관계획 홍보방안을 포함한다.

2040 인천광역시 경관계획에서는 기정계획인 2030 인천광역시 경관계획의 성과와 한계를 구체적으로 검토한다. 주요한 기정계획의 한계는 먼저 경관권역, 축, 거점과 같은 경관구조 선정의 타당성 및 계획 내용의 구체성 부족이다. 기정계획의 권역계획은 지역특색을 명확히 도출했다기보다는 인천광역시 전체의 특성인 신도시, 원도심, 공업경관 등의 요소가 두드러지며, 그 구역계 역시 행정구역이 아닌 경관적 특성을 기준으로 하다보니 경관관리의 주체가 모호해 실행력이 떨어졌다. 또한 축의 경우 광역단위에서 세분화되지 않고 거대 규모로 지정되면서 마찬가지고 계획의 구체성이 떨어져 경관목표를 달성하기 위한 실행력이 떨어졌다. 거점은 타 경관구조와 중복도가 높고 분류와 정의가 어려운 한계점이 있었다. 지자체에서 경관관리를 가장 적극적으로 할 수 있는 구역계인 중점경관관리구역 역시 선정절차와 기준, 역할이 모호해 실효성이 떨어졌다. 경관관리를 위한 구역계인 도시관리계획에서 정비하는 경관지구와의 위계 확립과 계획의 중복 검토 역시 중요한 과제였다. 이러한 기정계획의 한계를 통해 경관구조를 개편 및 구체화하고, 2040 경관기본계획에서는 경관지구에 대한 경관관리 및 계획을 신규로 포함하였으며, 중점경관관리구역의 절차와 기준 등을 확립하였다.

2040 인천광역시 경관계획의 중요한 변화는 경관자원의 평가 기준을 가시성, 접근성, 고유성, 활용성으로 단순화하여 표본수를 확대해 신뢰성을 높인 경관인식조사 결과를 반영해 경관자원을 도출했다는

것이다. 또한, 경관실행력을 높이기 위해 경관위원회와 경관사업 운영
지침을 고도화 하면서, 경관행정조직의 보강 주장과 함께 '경관지원센
터'의 설립을 제안한다. 현안과 기정계획의 반성과 보완을 통한 재정비
계획의 추진과제로

1. 산림과 도시 스카이라인의 조화로운 경관
2. 대한민국 대표 국제항만과 천혜의 자연 해안이 공존하는 경관
3. 한국최초, 인천최고의 문화와 시민최애 문화가 함께 만드는 경관
4. 신도시와 원도심이 조화롭고 특색있는 지역경관
5. 시민과 행정, 광역과 기초가 소통하고 협력하는 경관

상기와 같은 다섯 가지 과제를 제시한다.

2017년 수립된 2025 인천광역시 경관계획은 인천 관내에서 처음으
로 경관자원을 총조사하고, 시민을 대상으로 인천 경관에 대한 인식도
를 평가했다는 것에 큰 의의가 있다. 이후 첫 재정비 경관계획인 2030
인천광역시 경관계획은 조사체계와 경관관리 체계를 보다 구체화, 명
료화 하면서 존재하는 자원을 발굴, 관리해 인천광역시만의 경관특징
을 강화하는 계획을 수립했다. 2023년에 공표된 두 번째 재정비의 결과
물인 2040 인천광역시 경관계획은 최초수립 이후 7년차에 접어드는
인천광역시 경관을 진단하고, 그 문제점과 성과를 검토해 경관구조의
개편, 관리제도의 실효성 강화 등 경관행정의 실행력을 높이고자 하였
다. 또한 제 2차 경관정책계획의 목표인 국민체감 국토경관형성을 반영
한 듯, 경관행정에 시민이 참여하는 방안을 적극 도입했다. 우선, 계획

의 수립과정에서 시민협력단을 운영해 개별 인터뷰, 경관자원발굴 과정 참여 등을 진행했으며, 5대 추진과제에도 시민과 행정이 소통하고 협력하는 경관을 제시했다. 또한 생활경관 소생사업, 인천경관닥터사업과 같은 시민의 삶과 밀접한 연관을 갖는 경관사업을 제안한다.

군·구 경관계획

경관법 개정이후 군·구 단위 경관계획 수립이 가능해지면서 2014년 인천광역시 내 군·구 단위로는 최초로 인천경제자유구역 경관계획이 수립되었다. 이후 남동구 경관계획이 2015년 수립되었으며, 서구, 연수구, 동구가 2021년에 심의 통과 후 공시되었다. 2022년 인천광역시 중구 경관계획이 수립되고, 2023년 미추홀구 경관계획 수립이 진행중이다. 부평구, 계양구, 강화군과 옹진군은 2023년 기준 경관계획을 수립하지 않았다. 같은 해 기준, IFEZ가 최초계획 후 5년이 경과해 2020년 재정비를 완료했으며, 남동구 역시 5년이 경과해 경관계획 재정비 용역이 진행중이다. 인천광역시 전체를 놓고 보면, 11개 행정구역 중 7개, 약 64%가 경관계획을 수립한 것이다. 또한 경관조례의 경우 동구, 서구, 미추홀구, 연수구, 부평구, 계양구 6개 행정구역이 자체 조례를 제정하여 인천광역시 행정구역의 반 이상이 자체의 경관조례를 가지고 있다. 이러한 조례 및 계획수립 현황은 인천시 전체를 기준으로 경관행정의 토대가 마련되었다고 해석할 수 있다.

경관계획 내 미래상은 각 행정구역 내 경관현황과 경관관리전략을 축약한 문장이다. 인천광역시 내 경관계획 미래상을 분석하자면, 먼저 2040 광역 경관계획의 미래상은 "함께 꿈꾸는 미래유산 '인천경관'"이다. 이는 인천광역시 내 경관자원이 다양한 성격을 가지고 있으며, 이

러한 경관자원의 다양성이 공존하는 도시경관을 형성하겠다는 방향성
을 드러낸다. IFEZ의 경관 미래상은 "국제적 품격으로 아름다운 경관
을 만드는 도시, IFEZ"이다. 송도, 청라, 영종의 고도화된 경관과 국제
적 지위를 강조한 미래상이라고 해석할 수 있다. 중구는 "세계로 통하
는 間, 3개의 길 인천 중구"를 미래상으로 선정하였다. 이는 개항의
시작인 중구의 역사적인 가치를 기반으로, 공항과 항구를 통해 세계로
통하는 문으로 중구 경관이 기능해야 함을 뜻한다. 인천시 내 행정구역
중 가장 작은 규모의 동구는 "동구의 숨은 경관 찾기"를 미래상으로
제안한다. 도시 노후화, 경관자원의 훼손이 가장 심각한 동구는 도시재
생 사업이 매우 활발하게 운영되고 있는 지역이다. 이러한 경관현황을
새로운 경관을 형성, 특화하는 것이 아닌 '기존 숨은 경관자원의 발굴
및 보존', '도시재생에 따라 기존 숨은 경관가치의 재발견'의 방향으로
이끌고자 한다. 서구의 경관 미래상은 "빛으로 물드는 서구"이다. 서구
는 대규모 개발사업, 청라국제도시와 같은 신규 건조환경과, 경인고속
도로, 거북시장과 같은 원도심 경관, 대규모 공업경관, 아라뱃길과 정
서진과 같은 매력적인 수변자원 이미지가 혼재된 지역이다. 이러한
혼합경관을 긍정적 경관이미지로 조화롭게 물들이는 경관방향을 수립
하였다. 연수구는 "다름과 다움의 연수경관"을 미래상으로 지정했다.
이는 역사문화자원과 자연경관이라는 연수구의 긍정적인 자원을 기반
으로 시민이 소통할 수 있는 공간 연출을 통해 연수구 경관의 가치를
고도화시킨다는 방향성을 내포하고 있다. 이렇게 다양한 목표를 가진
군·구 경관계획 미래상을 보면, 각 지역의 독자적이고 독창적인 경관
특성을 강조하기 위해 설정되었음을 알 수 있다.
　군·구 경관계획과 2040 인천광역시 경관계획은 상호연계적인 관계

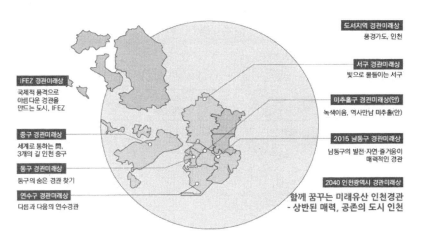

그림 2-6. 인천광역시 내 군·구의 경관미래상

를 형성한다. 광역 경관계획은 군·구 경관계획의 상위계획이 되며,
인천광역시 전체에 대한 경관과제와 비전을 제시하는 위계구조를 가진
동시에 기 수립된 군·구 경관계획의 내용을 본 계획에 반영한다. 예를
들면 동구 경관계획을 고려하여 2040 인천광역시 경관계획의 인천항
중점경관관리구역 범위를 설정하고, 서구 경관계획 내 조망점과 조망
축 계획을 연계·반영하여 경관 가이드라인을 수립하는 것 등이 있다.

표 2-1. 인천광역시 내 군·구의 경관계획과 조례 수립 여부

행정구역명	경관계획수립 여부	경관계획 미래상	경관조례 제정 여부
IFEZ	2014 수립완료 2020 재정비 완료	국제적 품격으로 아름다운 경관을 만드는 도시, IFEZ	-
중구	2022 수립완료	세계로 통하는 閘, 3개의 길 인천 중구	-
동구	2021 수립완료	동구의 숨은 경관 찾기	O

서구	2021 수립완료	빛으로 물들이는 서구	○
미추홀구	2023 기준 수립중	녹색이음, 역사만남 미추홀(안)	○
연수구	2021 수립완료	다름과 다움의 연수경관	○
남동구	2015 수립완료 2023 재정비 중	남동구의 발전·자연·즐거움이 매력적인 경관	-
부평구	미수립		○
계양구	미수립		○
강화군	미수립		-
옹진군	미수립		-

특정경관계획

기본계획 외 인천광역시 내 특정경관계획은 빛이 아름다운 국제도시 인천 만들기, 인천광역시 도시디자인 기본계획, 인천광역시 색채디자인 가이드라인, 인천광역시 범죄예방 도시디자인, 인천광역시 도서지역 경관관리계획 등이 있다.

도서지역 경관관리계획은 2019년 공시된 계획으로, 인천에 존재하는 168개 섬 경관을 특화 및 관리하고, 인천의 정체성을 강화시키고자 하는 계획이다. 이는 인천에 존재하는 섬 자원들이 개발사업의 무분별한 진행으로 인해 자연경관, 역사문화경관이 심각하게 훼손되고 있는 현황과도 밀접한 관련이 있다. 이에 따라 도서지역 경관관리계획은 '도서지역 경관관리의 목표 설정', '경관 관리대상의 관리방안 마련', '실천적 실행계획 수립'을 목적으로 한다. 관내 도서경관의 구체적인 분석과 시민인식도 조사를 통해 본 계획은 '풍경가도, 인천' 라는 경관 미래상을 설정한다. 이는 '풍경이 아름다운 섬'을 뜻해 도서지역 주민

의 쾌적한 정주환경이자, 관광객이 찾는 아름다운 섬 경관을 연출하고
자 하는 의도이다. 특정경관계획의 성격에 따라 도서지역 경관관리계
획은 각 추진전략 마다 구체적인 경관사업을 제안하고, 구체적인 구역
계를 기준으로 경관 가이드라인을 제시한다. 이는 사업시행자, 도서지
역 주민, 행정가, 경관위원회 등 경관사업의 이해당사자가 알기 쉽도록
체크리스트와 코드, 구체적인 도면과 연출 개념도로 구성되어 있다.

　인천광역시 색채디자인 가이드라인은 2018년에 공시되었다. 이는
도시 이미지를 직관적으로 나타내는 도시의 색채를 규제 및 유도의
기법을 통해 연출하고자 작성된 계획으로, 인천의 이미지를 색 경관을
통해 연출하려는 목적을 갖는다. 인천의 환경색과 시민 인식도 조사를
통해 인천을 상징하는 환경 대표색 10색을 선정하였는데, 인천바다색,
인천하늘색, 정서진석양색, 소래습지안개색, 강화갯벌색, 문학산색,
팔미도등대색, 개항장벽돌색, 참성단돌색, 첨단미래색 등이 그와 같
다. 이러한 환경 대표색은 각 경관사업 및 국소 시설물에 적극적으로
적용된다. 건조환경을 비롯한 건축경관에 적용되는 색상은 인천을 4개
의 권역으로 나누어 사용 컬러 팔레트(Color Palette)의 형식으로 적용된
다. 이 네 개의 권역은 인천시의 도시경관을 상징하는 IFEZ, 서구,
중구, 연수구를 비롯한 신도시 권역, 지역재생을 꾀하는 계양구, 남구,
남동구 등 원도시권역, 인천광역시의 역사문화자원이 밀집해, 이를 보
전하고자 하는 강화군, 중구, 동구 등 역사문화권역, 도서지역의 친환
경적인 이미지를 강조하는 옹진군 등 도서권역으로 구성된다. 각 권역
의 색채는 주조색과 보조색, 강조색으로 구성되어 있으며, 세부지역에
따라 특화강조색을 포함한다. 또한 인천광역시 관내 공공시설물의 경
우 공공시설물 색을 적용한다. 이는 무채색계열의 Base Color, Sub

Color와 인천바다색, 정서진석양색, 안전색인 노란색을 포함한 Accent Color로 구성된다.

이러한 일관된 색채의 적용으로 도시 전체의 컬러 이미지를 형성하고, 무분별하게 사용되는 원색, 고채도의 색상에 따라 경관이 훼손되는 것을 막고 있다. 색채디자인 가이드라인은 발표된 2018년 이후부터 건축물 및 개발계획의 경관심의에서 상위계획으로 검토되어야 하므로 이후 경관심의를 거친 건축물은 모두 이 계획의 색채 사용기준을 준수했다고 평가할 수 있다.

빛이 아름다운 국제도시 인천 만들기 역시 2018년에 공시되었다. 2006년 인천광역시 야간경관계획 이후 야간경관에 대한 패러다임이 '빛공해 방지'에서 '야간경관 형성'으로 변화하며 일종의 재정비를 수행한 것이다. 이는 인천광역시가 인구 300만 명의 국제도시로서 도시 이미지를 형성하기 시작하며, 이에 걸맞은 야간경관 연출의 필요성이 대두되었기 때문이기도 하다. 인천광역은 전체 면적을 대상으로 야간경관 현황조사와 기본계획, 야간경관 10대 명소의 발굴, 시범사업의 기본 및 실시설계를 과업의 범위로 하고 있는 이 계획은 "업그레이드된 야간경관계획 제시를 통한 체계적 야간경관의 관리", "인천을 대표하는 야간경관 대명소 발굴로 관광활성화에 기여", "인천 시민들의 친숙한 공간을 대상으로 시범사업을 추진하여 야간경관 사업의 홍보 극대화"를 목표로 한다. 광환경 분석을 비롯한 인천시 야간경관자원의 조사 및 분석을 통해, 본 계획은 "빛이 아름다운 국제도시 '푸른빛의 인천(Blue Light)'"를 미래상으로 한다. 인천이 가진 하늘과 바다 자원의 이미지와 연계에 이를 밝히는 형상으로 푸른빛이라는 키워드를 사용한 것이다. 해당 미래상의 과제로는 "인천다움을 비추는 건강하고 편안한

밤 만들기", "국제도시 인천에 걸맞은 품격 있는 밤 만들기", "인천만의 문화가 담겨 있는 즐길 거리가 있는 밤 만들기"와 같다. 이는 야간경관을 관광 및 문화산업의 요소로 연출함과 동시에 안전하고 편안한 정주환경의 빛을 연출하고자 한다고 평가할 수 있다. 본 계획의 가이드라인은 '경관계획 수립지침'내 경관구성 요소와 주거지역, 상업지역, 공업지역, 녹지지역 등 지역별로 구분된다. 빛이 아름다운 국제도시 인천 만들기 역시 경관심의의 검토대상이 되므로 본 계획에 따라 인천광역시 야간경관이 연출되고 있다고 해석할 수 있다.

특정경관계획은 아니지만 경관 유관계획인 인천광역시 도시디자인 기본계획은 공공디자인 진흥법과 인천광역시 공공디자인 조례 등에 따라 2017년에 발표되었다. 인천광역시 전 지역을 대상으로, 2025년을 목표연도로 하는 이 계획은 마찬가지로 국제도시로의 위상을 강조하기 위한 도시이미지 개선 및 연출을 목적으로 한다. 국제기구 및 국제 행사가 유치되고 국제적인 관점에서 인천의 이미지 형성이 필요하다는 공통적인 배경 아래 인천 도시 브랜드를 구체적으로 형성하기 위해서는 시정 전반에 걸친 도시 디자인 가이드라인이 필요하다는 것이다. 유사한 계획으로 인천광역시 공공디자인 기본계획 및 가이드라인이 2009년에 수립되었지만 계획 발표 후 5년이 경과해 도시현황의 변화에 따라 재정비가 필요했으므로 '인천광역시 도시디자인 기본계획'이라는 이름으로 일종의 재정비를 수행했다. 본 계획은 '인간 중심의 관점에서 도시문제 접근', '사회 문화적 환경에 디자인을 적용해 도시의 변화'를 꾀한다. 상위계획 검토 및 현장조사를 통해 도시디자인의 미래상을 '맞이하는 도시', '국제안전도시', '사람존중도시', '개항문화도시', '오감여행도시'의 5가지 전략과 함께 도출한다. 이러한 5대

전략에 따라 공공디자인을 공공건축, 공공공간, 공공시설물, 공공시각
매체로 나누고, 인천형 도시디자인 기법으로 도출된 '모두를 위한 디자
인', '인천가치디자인', '시민참여디자인'을 통해 가이드라인을 구성하
였다. 이러한 계획의 내용은 범죄예방 도시디자인, 도시브랜드, 상징
조형물, 공공조형물, 공공디자인 대상 시설물에 대한 계획을 심의하는
인천광역시 공공디자인 위원회의 상위계획으로 작용한다.

'인천광역시 범죄예방 도시디자인 종합계획' 역시 경관 유관계획으
로 분류할 수 있다. 이는 2020년에 공표된 계획으로, 시민의 생활안전
확보와 안전한 인천광역시 연출을 위해 계획되었다. 취약요소와 안전
요소의 맵핑과 현황조사, 시민대상 설문조사 등을 통해 인천광역시의
범죄예방 도시디자인의 미래상을 "all_ways 안전한 인천의 새로운 길
이 되다. Safe UP 시민 안심지수 높이기, Crime Down 범죄 유발 환경
요소 줄이기"로 지정한다. 이에 따라 IT 기술의 활용, 인천 도시 형태를
고려한 가이드라인, 모두를 위한 가이드라인과 같은 세부전략을 수립
한다. 본 계획의 가이드라인은 요소에 따라 건축물, 공공 가로, 조경공
원으로 나뉘며, 범죄유형별, 취약대상자별, 지역 특성별로 특화전략
역시 제안된다. 이 계획은 외형적 경관의 조성이외에도 시민의 삶의
질을 높이고자 하는 의도에 따라 지구단위계획, 경관계획, 건축물의
경관심의 등에 활용되고 있다.

이러한 특정경관계획은 기본경관계획에서 관리하지 못하는 실행방
안으로서 경관심의, 기타 경관계획, 지구단위계획 등에 반영이 되고
있다. 특히 계획 모두 국제도시로서의 인천 위상을 강조하고 있다는
특징이 있다.

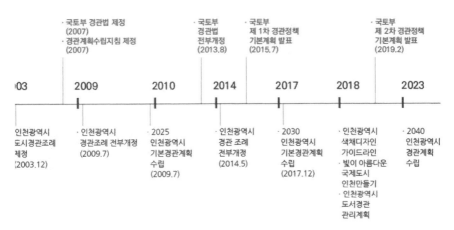

그림 2-7. 인천광역시 내 경관계획 및 특정경관계획의 흐름

2) 인천의 경관관리방안

경관심의제도와 경관위원회

　인천시의 경관심의제도는 경관법 제 29조에 따른 경관위원회를 통해 운영된다. 경관 위원회는 경관법 6장 30조에 따라 경관계획의 수립 및 변경, 승인, 경관사업 시행의 승인, 경관협정의 인가, 사회기반시설 사업의 경관심의, 개발사업의 경관심의, 건축물의 경관심의, 그 외 대통령령으로 경관에 중요한 영향을 미치는 사항에 대한 경관심의를 수행한다.

　경관법 시행령 25조에 따르면 경관위원회의 위원은 각 지방자치단체의 지방의회 의원, 경관과 관련이 있는 행정기관 공무원, 경관계획 관련 분야에 경험이 풍부한 사람에서 선정한다. 인천광역시 경관위원회는 70명 이내의 위원으로 구성되어 있으며, 2023년 3월 기준 54명이 임명되어있다. 시 경관위원회는 본 위원회와 소위원회로 구분되는데

본 위원회에서는 경관법 내의 경관심의대상을 심의하며, 소위원회에
서는 특정 분야 사업을 심의한다. 한 회차의 구성위원은 본위원회가
위원장, 부위원장, 위원 8명 이상을 포함하여 20명 이내로 구성되고,
소위원회는 위원장 1명을 포함해 총 7명 이내로 구성된다. 두 형태의
위원회 모두 구성위원이 과반수이상 출석해야 개의할 수 있으며, 이렇
게 출석한 위원들 중 과반수가 찬성해야 의결된다.

표 2-2. 인천광역시 경관위원회의 구조
(출처: 인천 도시경관 아카이브 https://imap.incheon.go.kr/archive)

구 분	본위원회	소위원회
역 할	경관법에서 규정한 경관심의대상 심의	특정분야 사업에 대한 안건심의
위원장	글로벌 도시국장	도시디자인과장(부위원장)
구성위원	위원장, 부위원장, 위원 8명이상 20명이내	위원장 1명 포함 7명 이내
구성방법	위원장이 회의시마다 지정	"좌동"
심의사항	경관계획의 수립 · 변경 · 승인 사회기반시설 사업의 경관심의 개발사업 및 건축물의 경관심의	경관사업 시행의 승인 경관협정의 인가
자문사항	경관계획에 관한사항 경관에 관한조례의 제정 및 개정에 관한 사항 그밖에 시장이 필요하다고 인정하는 사항	경관사업의 계획에 관한사항 그밖에 시장이 필요하다고 인정하는 사항

본위원회의 심의사항을 구체적으로 들여다보면 먼저 수립된 경관계
획의 수립 및 변경과 승인이 있다. 앞서 언급한대로 경관계획은 인천광
역시뿐만 아니라 군, 구 단위에서도 수립되며 이러한 계획 모두 경관심
의의 대상이 된다. 두 번째로는 사회기반시설 사업이 그 대상이 된다.
경관법 제26조 제1항 제5호에 따른 "지방자치단체의 조례로 정하는
시설"로서, 인천광역시 조례에 따르면 도로 개설사업 중 총 사업비가

100억 이상이거나 하천시설 중 총 사업비가 50억 원 이상인 사업이 이에 해당한다. 경관법 제 26조에 따라 시행되는 개발사업의 경관심의 는 '도시지역'에서 시행하는 개발사업 중 대상지의 면적이 30,000제곱 미터 이상인 개발사업과 '도시지역' 외의 지역 개발사업 중 300,000제 곱미터 이상인 사업 등(시행령 제 19조)을 대상으로 이루어진다. 이 개발 사업 경관심의 대상 중 대통령령으로 정하는 규모 이상의 개발사업[2]의 경우에는 경관계획의 기본방향과 목표에 관한 사항, 주변지역의 현황 과 사업 시행에 따른 경관구조 설정에 관한 사항, 주요 요소를 통한 도시공간구조의 입체적 기본구상에 대한 사항을 포함한 사전경관계획 을 수립해야 한다. 경관심의 안건중 대다수를 차지하는 대상은 '건축물' 이다. 경관법 제 28조에 따라 경관지구내의 건축물, 중점경관관리구역 으로 지정한 영역의 건축물, 공공건축물 중 연면적 1,000제곱미터 이상 의 건축물 등이 경관심의 대상에 포함된다. 소위원회의 경우 경관사업 의 승인이나 경관협정의 인가, 총 사업비 1억원 이상의 야간경관 사업, 구의 경관형성을 위해 시장이 지원하는 사업 등이 심의의 대상이 된다.

경관아카이브

인천광역시는 개항이후부터 경제자유구역을 비롯한 국제적인 도시 가 될 때까지 역동적인 경관 변화를 거쳤다. 그러나 이러한 변화를 체계적으로 기록한 바가 부족하여 인천이라는 지역의 장소성과 매력의 근간을 파악하기 어려웠으므로 인천광역시는 2010년, 이를 기록하고

---

2) 면적이 30만 제곱미터 이상이거나 개발사업으로 건축되는 건축물 연면적의 합계 가 20만 제곱미터 이상인 개발사업 (경관법 시행령 20조 1항).

데이터베이스화하여 인천경관의 맥락과 가치를 명확하게 하기 위한 아카이브 행정을 시행했다. 이는 5년마다 인천광역시의 주요 지점에서 이미지화된 경관자료를 취득, 이를 하나의 온라인 지도 플랫폼을 통해 전달하는 것이다. 도시경관아카이브는 자연, 시가지, 농산어촌, 도시시설, 역사, 문화, 계획이라는 일곱 가지 항목으로 구분된다. 각 항목을 선택하면 중앙 지도에 해당하는 경관자원이 표기되고, 이에 대한 경관 사진자료를 취득할 수 있는데, 사진 외의 주요 정보로는 사업회차, 촬영날짜, 촬영자 정보가 있다. 촬영자는 행정기관과 민간, 사업자로 추측된다. 예를 들어 계양구 계산동의 은행나무 인근을 촬영한 촬영자는 이미옥 씨라고 기록되어 있다. 인천광역시 도시경관 변천기록은 2010년 1차 사업부터 방대한 양의 사진 아카이빙을 진행했지만 대다수의 경관자원 기록이 2010년 1차 사업 단일기록에 그쳤고, 2017년에 진행된 2차 사업 이후로는 업데이트가 멈춰있어 당초 경관의 변화기록이라는 연속적 기록의 목표가 다소 달성률이 낮다고 평가할 수 있다.

중점경관관리계획

중점경관관리구역 제도는 경관법의 목표를 수행하기 위해 구역을 지정하고 이 경관을 관리하기 위한 제도이다. 제 9조에 따르면 중점경관관리구역은 '중점적으로 경관을 보전, 관리 및 형성해야 하는 구역'으로 경관법과 인천광역시 경관조례에 의하면 이 구역에 신축, 개축되는 일정 규모 이상의 건축물은 경관심의를 받아야 할 의무가 있다. 이 제도는 경관법이 전부 개정된 2014년에 시행령에 있던 조항이 경관법으로 이동되어 본격적인 경관관리의 수단으로 활용되기 시작했다.

인천광역시는 2007년 목표연도가 2025년인 2025 인천광역시 경관계획을 발표하였는데, 이 당시 경관법 전면개정에 따른 중점경관관리구역의 세부 지침이 공표되지 않아 경관계획에 중점경관관리구역이 포함되지 않았다. 2014년에 2030 인천광역시 경관계획을 공표하여 인천시 내에서는 최초로 중점경관관리구역을 지정하였다. 이때 총 6개 구역이 고시되었는데, 송도, 인천항, 소래포구, 문학산, 계양산, 마니산이 그에 해당한다. 2023년 경관계획 재정비에 따른 2040 인천시 경관계획과 함께 인천광역시는 기존 중점경관관리구역을 경관행정의 진척도와 도시변화에 맞추어 개편했는데, 계양산, 마니산, 문학산, 소래습지, 경인고속도로 지하화구간, 개항역사·문화 구역, 인천항, 용유해변, 무의도 중점경관관리구역 총 9개소가 선정되었다.

이전까지 중점경관관리구역은 경관법에서 지역의 경관관리를 위해 구체적 공간영역을 선정하는 보다 구체적인 제도이나 경관심의 의무 외에는 다소 유도적인 방향의 경관관리 전략을 취하고 있으며, 경관법과 시행령, 경관조례에 구체적인 운영, 실행, 관리방안을 기재하지 않고 있으므로 실행에 한계를 갖고 있었다. 이러한 문제점을 극복하기 위해 2040 인천광역시 경관계획에서는 구체적인 구역계와 경관실행 수단의 분류, 경관심의 대상의 구체적인 기준 등을 표기하였으나, 계획공표단계이므로 계획 보완의 실효성은 추후 검증할 수 있을 것으로 보인다.

경관지구는 중점경관관리구역 이외에 토지 이용과 건축물의 용도에 대해 기준을 마련, 이를 적용하면서 지역경관을 고도화시키기 위해 지정한 구역이다. 중점경관관리구역과의 차이는 그 법적 근거에 있다. 경관법에 의거해 지정 및 운영되는 중점경관관리구역과 달리 경관지구는 국토의 계획 및 이용에 관한 법률(이하 국계법) 제 37조에 따라 지정되

며, 따라서 인천광역시 경관지구의 선정은 경관계획이 아닌 도시관리
계획에서 이루어진다. 경관지구의 운영체계는 도시계획 조례에 병기되
어 있으며 이는 주로 행위제한의 형태로 구성되어 있다. 국계법이 2017
년 개정되면서 과거 미관지구의 개념 역시 경관지구로 통합화되었다.
경관지구 역시 중점경관관리구역과 같이 시·도지사가 경관계획에 따
라 지정할 수 있으며, 대상지 내 조성되는 건축물은 경관심의 대상이
된다. 2025 인천광역시 도시관리계획에 따라 인천시는 시가지 경관지
구 56개소, 특화경관지구 1개소, 자연경관지구 6개소 등 63개소의 경관
지구가 지정되었다. 도시관리계획과 경관계획과의 연계를 통해 기존
개별적으로 운영되어 비효율적인 운영방안의 개선을 도모하였다.

3) 인천시 도시특성과 변천사

인천시의 도시특성

인천의 자연경관 특성은 전체적으로 낮은 구릉지 혹은 산지로 구성
되어 있으며, 서쪽으로 해안이 접하고 있다. 서쪽으로 해안, 동쪽으로
산림녹지 자원이 분포하고 있는 형상이다. 산림녹지자원의 경우 전반
적으로 높은 산이 없는데, 문학산과 청량산이 도심에 위치한 산림자원
으로 도시의 스카이라인을 형성하고 있다. 인천광역시 경관계획에서
는 경관자원의 평가지표에 따라 주요 산림자원을 계양산, 마니산, 문학
산, 가현산, 백운산, 거마산, 정족산, 관모산, 오봉산, 소래산, 만월산,
고려산, 퇴모산으로 지정했다. 그 중 문학산, 만월산, 거마산, 관모산,
소래산, 오봉산(인천광역시, 2017: 20) 등은 도심에 위치해 있다. 도시공
원과 같은 인공녹지의 경우 각 지역마다 그 편차가 심한데, 대다수의

질 좋은 도시공원은 송도, 청라와 같은 신도시 권역에 집중 분포되어 있고, 중구 동구와 같은 원도심 지역의 경우 녹지면적이 다른 지역대비 양과 질 면에서 협소하다고 평가할 수 있다. 인천의 상징적인 경관을 형성하는 요소인 해안은 그 선이 복잡하고, 섬이 많은 특징이 있다. 해안선은 간척사업으로 형성되어 자연적 해안선이 거의 남아있지 않고, 상당한 면적이 공업지대로 형성되어 있어 시민이 누리는 친수공간은 협소한 편이다.

인천광역시의 도시로서의 태동은 원삼국 시대, 미추홀이라는 이름으로 비류백제의 근거지로 시작했다고 추정된다. 이후 1413년 태종이 인천군으로 명명하기까지 농어촌사회의 성격을 갖다가, 병인양요, 신미양요 등 외세의 침략을 직접 받으며 국방상 중요한 지역으로 여겨졌다. 1883년 1월 1일, 개항기에 이르러 제물포가 개항되며 인천의 중심부가 제물포로 이동했다. 작은 어선이 몇 있는 어촌마을이었던 제물포가 개항의 중심지가 된 것이다. 또한 각 국가들의 무역을 위한 세관인 해관이 설치되게 되면서 각 국과 조계 조약을 맺게 된다. 이 당시 인천의 행정 중심지는 관교동이었고, 10개의 면을 관할했다. 1895년에 갑오개혁에 따라 23부제가 실시되며, 12개군을 총괄하는 인천관찰부가 만들어졌다(김용하, 1994: 228). 1906년 인천 내항이 축조되며 본격적으로 식민 통치의 핵심적인 항구이자 근대문물 유입의 거점으로 작동하게 되며, 동시에 격동하는 정세에 따라 군사적 요충지로 자리매김하게 되었다. 항구도시의 특성을 갖게 된 인천은 1899년에 인천과 노량진을 연결하는 대한민국 최초의 철도인 경인선이 개통되면서 인천과 서울을 연결시키는 교통축이 생겼다. 외부로의 교통거점뿐만 아니라 내륙 내이동이 기반이 다져지면서 수도권 권역의 교통의 중심지가 된 것이다.

1931년 이후 일본의 내륙침략이 본격화되며 대규모의 공장단지가 지속적으로 건설되었다. 해안가의 매립사업만으로는 이러한 공장단지의 공간적 수요를 충족하지 못해 부역공간의 확장이 시작되었는데 1936년 부천군 다소면, 문학면(현재의 관교동 일대)의 일부를 편입해 27.12㎢로 영역을 넓힌 1차 확장과 1940년 당시의 서곶면, 부내면, 남동면, 문학면을 편입해 165.82㎢로 넓힌 2차 확장이 그것이다(같은 책: 230).

이러한 확장 및 한일합병과 함께 국내에 도시계획과 정비가 도입되었다. 1910년 도입된 시구개정 사업은 도로와 교량 하천과 같은 도시 인프라를 근대적으로 정비하는 것을 목적으로 한다. 1913년 공표된 시가지건축취체규칙은 '건폐율, 건축선, 건축물의 재료, 부대설비, 방화지구, 미관지구, 준공업지역 지정'에 대한 항목을 도입하면서 현대의 지구단위계획, 도시계획의 형태를 띤 도시관리제도를 최초로 운영하였다. 인천에서의 근대 도시계획은 1934년 조선시가지계획령이 공표되며 본격적인 시작을 알렸다. 이 조선시가지계획령을 틀로, 1937년 인천시가지계획지구결정이유서라는 이름으로 인천으로서는 최초로 도시계획이 수립되었다. 이는 인천을 행정구역 27.5㎢로 두고 목표연도 1965년, 계획인구 20만 명을 목표로 인천 내 가로망, 용도지역지구의 지정, 토지구획 정리내용을 담고 있다(같은 책: 231-233). 이러한 초기의 도시계획은 지구의 지정과 건축물의 재료, 건폐율, 가로형태 등의 내용을 포함한다는 지점에서 인천 경관계획의 태동이라고도 평가할 수 있다. 수탈 및 교역을 위한 근대적 항만의 건설, 외국인 거주지의 대두로 각 나라의 건축양식의 복합, 새로운 근대 건축의 도입 등은 개항기 인천의 경관을 형성했다. 구 인천부 청사, 올림포스 호텔, 존스톤 별장, 최초의 근대식 공원인 만국공원(인천광역시 중구, 2019) 등은 그 이전 인천의 경관에서는 찾아볼 수 없는 건축경관의 특징을 보여준다.

도시이미지의 격변기

인천은 1800년대의 개항기 이후 경인선 개통과 경인고속도로 등 계획도시의 시도가 이루어졌다. 인천항 개항, 경인선 개통 등의 개항기를 지나 1968년 경인고속도로 개통 이후 주안, 간석 등을 중심으로 중심시가지가 형성되었으며, 남동공단의 개발 등과 더불어 항만과 공업도시로의 우리나라 산업화의 주요한 역할을 담당하여 왔다. 개항과 산업도시로서 인천은 우리나라 근대화를 이끈 역사적 배경을 토대로 성장과 발전, 쇠퇴를 경험하며 특색 있는 도시 이미지를 형성하였다.

2000년대 들어서며 인천국제공항이 개항하였고, 인천경제자유구역의 지정을 통하여 송도, 영종, 청라를 중심으로 글로벌 도시를 지향하며 성장과 발전을 토대로 계획된 도시로의 도시발전이 이루어졌다. 이러한 새로운 도심의 발전은 원도심의 노후화와 함께 진행되었으며, 원도심의 쇠락과 공동화를 심화시키며 지역 간의 갈등을 초래하기도 하였다.

우리나라 경관에 대한 인식은 20세기 무분별한 도시개발의 반성에서 출발하여 삶의 질을 추구하는 도시공간의 창출을 목적으로 2007년 경관법 제정과 2014년 개정을 통하여 체계적인 경관관리를 위한 법적 근거가 마련되었다. 인천경제자유구역은 2004년부터 경관자문단을 구성하여 운영하였고, 2005년 송도지구 경관계획 수립을 시작으로 청라, 영종 등의 경관상세계획을 수립하였으며 최근까지도 경관계획의 개정을 통하여 도시 변화를 주도하고 있다. 인천시는 2006년 시가지 경관계획을 수립하고 이에 근거하여 경관사업을 실시하고, 경관관리

(경관컨트롤 제도)를 시작하였다. 그러나 초기에는 도심 재정비를 위한 도시관리 계획의 제한적 역할로의 한계성을 지니고 출발하였다. 이러한 인천만의 도시발전 역사는 국제도시 지향의 신도시와 원도심의 재생을 위한 극단적인 두 축은 인천만의 독특한 도시 이미지를 구현하게 되었고, 독특한 인천만의 특수한 경관적 특성을 지니게 되었다.

인천의 공간적 범위와 해안선은 매립행위로 큰 변화를 겪었다. 먼저 그림 2-8은 1910년 기준 인천광역시의 지형도와 현재 지형도를 겹친 이다. 인천 토지의 70% 이상이 간척지라는 말처럼 인천의 공간적 범위는 간척과 함께 계속 커지고 있다. 인천의 해안선 변화를 파악하면서 송도를 빼놓을 수 없다. 1994년 송도유원지 앞의 바다에 신도시 기공식이 열렸고, 이 이름은 송도였다(인천도시역사관, 2019: 8). 새로운 해상 신도시 송도가 생기자 송도라는 지명은 두 지역을 나타내게 되었다. 옥련동과 동춘동 일대의 '구송도' 바다를 메꾸어 만든 '신송도'의 개념은 1988년 노태우 정부의 주택 200만호 건설 계획이 발표되고, 이에 따라 인천시에서 해상도시건설 계획을 공표하며 최초로 대두되었다. 당시의 계획에 따르면 송도 국제도시는 "4천2백90만㎡에 달하는 흙더미를 쏟아 부어 1천90백만 평의 새로운 땅을 만들어낼 계획(같은 책: 24)"이라 쓰여 있다. 1994년 9월 11일자 경향신문에 따르면 송도해상 신도시는 '미래형 생활공간'을 가진 주거지, 국제 비즈니스가 이루어질 수 있는 무역기반, 방송국, 금융센터와 같은 인프라, 국제학교와 같은 국제교육 거점을 포함해 중심 국제도시로의 연출을 목표로 한다.

그림 2-8. 1910년과 현재의 인천광역시를 비교한 지도,
진한 선이 1910년의 해안선이다.
(출처: 인천광역시 공간정보 플랫폼 https://smart.incheon.go.kr/)

이 사업은 인천시가 21세기 서해안시대의 중심국제도시로 발전하기 위해 남구 동춘동 송도 앞바다를 매립, 영종신국제공항과 항만을 이용한 동북아 국제 교역 및 업무서비스기능을 유치하고 육·해·공을 연결하는 입체 교통요충지로서 산업, 정보, 통신 등 연계기능이 복합된 신도시를 조성하기 위한 것.

　　　　　-『한국경제』, 「"인천 송도해상 신도시 건설공사 착공..
　　　　　　　　　1조7천억투자 대역사"」, 1994.09.10.

그림 2-9. 송도 국제도시 컨벤시아의 전경

또한 1998년 인천광역시가 내놓은『인천 송도신도시 기본계획(안)』에 따르면 송도 신도시는 베드타운이나 비즈니스 파크와 같은 단일기능을 넘어서 업무와 주거의 조화를 통해 '자족적 개발'을 진행할 수 있는 도시를 추구한다. 또한 정보통신산업, 연구, 첨단산업 등의 고용체계와 질 높은 공공용지 및 녹지 등에 따라 공원도시로의 연출, 전원도시의 이미지 등을 연출하고자 하였다. 송도신도시 기본계획의 강조할만한 부분은 공업경관 위주로 조성되어 있던 인천의 서측 해안선을 '레저, 문화, 주거용도의 개발'을 통해 즐길 수 있는 바다로 연출한다는 것이다(인천도시역사관, 2019: 26).

이렇게 조성된 송도국제도시는 청라, 영종과 함께 2003년 8월 인천경제자유구역으로 지정되어 관리되고 있다. 인천경제자유구역(약칭

그림 2-10. 다양한 인종, 문화가 공존하는 싱가포르

(Long-term Plan) – 법정계획인 마스터플랜(Master Plan) – 가이드라인(Guideline)으로 이루어진다. 가장 상위계획인 컨셉플랜은 1971년부터 계획된 것으로, 10년 단위로 비전와 개발방향을 재설정하고 있다. 그러나 주요한 도시 인프라에 대한 플랜은 유지하기 때문에 현재 싱가포르의 주요 도시 인프라인 공항계획, 고속도로계획, 신도시계획 등은 모두 1971년 초기 컨셉플랜을 따른 결과물이다. 마스터플랜은 1956년부터 계획된 법정계획으로 5년마다 재정비 된다. 컨셉플랜을 바탕으로 구성되는 마스터플랜은 싱가포르 전체를 5개의 권역으로 나누어 그 안의 55개 계획지구에 대한 구체적인 실행계획을 수립한다. 이는 향후 10-15년의 개발에 대해 토지용도, 밀도계획, 공원 및 오픈스페이스, 용적률 등의 지침을 수반한다.

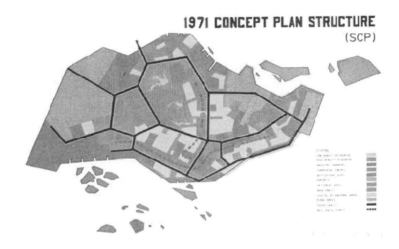

그림 2-11. 1971년 공표된 싱가포르의 Concept plan structure
(출처: Singapore URA https://www.ura.gov.sg)

이후 이러한 계획이 실행될 수 있도록 구체적인 지침과 가이드라인
을 제안하는데, Urban Design(UD), Special and Detailed Control
Plans(SDCP), Conservation Guidelines 등이 있다. 이러한 계획의 내
용은 각 구역의 허용 높이, 지붕 모양, 도로경관, 건축물 외장재, 오픈
스페이스 계획 등을 포함한다.

도시비전에 도달하기 위한 계획의 수립과 시행 및 관리에 더해서,
URA의 특이점은 싱가포르 도시계획과 경관에 대한 시민의 인지도를
높이기 위한 소통의 방안을 운영한다는 점이다. 도시건축은 도시민과
의사소통하는 과정이며, 이에 따른 의사소통의 창구가 필요하다는 것
이다. 이러한 소통의 수단으로는 첫 번째, 싱가포르 시티 갤러리를 운
영하고 있다. URA 건물에 위치한 시티 갤러리는 싱가포르의 컨셉 플랜
부터, 도시인프라 현황에 대한 전시, 싱가포르 전역의 축소된 모형을

그림 2-12. 싱가포르 URA 시티갤러리에 전시된 도시 모델

가지고 있다. 도시경관을 한눈에 볼 수 있는 이 모형은 스마트 기술과
함께 해당 좌표의 정보, 향후 조성 및 변경될 스카이라인 등 도시경관에
대한 정보를 체감할 수 있다. 그림 2-12는 URA 시티 갤러리의 도시현
황에 대한 모델이다. 도시 전역에 대한 건축형태가 매스로 구현되어있
다. 녹지와 수변 역시도 구현되어 있다. 많은 학생, 시민들이 이 공간에
서 도시에 대한 구체적인 정보와 함께 애착을 얻는다. URA 건물 1층에
서는 싱가포르 내 도시설계에 관련된 전공 학생들이 과제 전시를 하기
도 한다. 학생들이 생각하는 싱가포르의 미래, 구체적 경관과 도시의
청사진은 URA를 방문하는 많은 사람에게 또한 긍정적인 자극이 된다.

　두 번째는 도시에 대한 인사이트를 담은 발행본을 발간하는 것이다.
URA는 다양한 종류의 기획을 출판하고 있다. 녹색의, 그리고 푸른색
의 공간을 조성함으로써 아름답고 살고 싶은 도시경관 디자인을 이루

는 가이드북인 'A Green & Liveable city', 싱가포르 내 공공공간에 설치되는 예술작품을 답습하며, 장소성과 예술이 어떻게 상호작용하는 지 탐색하는 'Art in Public Space', 시민 스스로의 주변경관을 파악하고 이 바운더리의 장소적 의미를 탐구하는 'Love local' 등이 그 예이다. 특별기획을 통한 단편 출판뿐만 아니라 연속적인 간행물로 시민에게 가장 최신의 도시 문제와 공간인식에 대한 관점을 제시하는 의사소통창구도 존재한다. 'Skyline'이라는 잡지가 그것이다. 'Skyline'은 그 이름에서도 알 수 있듯이 2015년에 창간되어 도시 내 주택, 공공공간, 모빌리티, 녹지, 경관, 나아가 도시계획에 대한 트렌드를 제시한다. 2020년에 발행된 13호에서는 Covid-19에 따라 온라인 공간과 정보통신기술이 전례 없이 발전한 가운데, 도시의 미래는 어떻게 될까? 에 관해 논하고 있다. 모빌리티 패턴의 변화, 장소성 인식의 변화 앞에서 우리 도시는 어떤 준비를 해야 할지 논하는 것이다. 이 잡지는 각 호마다 도시에 관한 주요 주제를 가지고 있다. 2019년 10월 호에는 빠르게 늘어나는 택배 물동량에서 어떻게 녹색의 도시를 유지할지에 대한 고민인 'Moving goods'을 주제로 삼았고, 2018년 9월호에는 살기 좋은 도시를 만들기 위해 고민해야 하는 사회 문제인 'Ageing and social capital'에 대한 내용을 수록하고 있다. URA는 이렇게 도시에 관한 끝없는 질문과 새로운 관점들을 시민과 공유한다. 이러한 도시 아젠다에 대한 빈번한 의사소통은 결과적으로 도시에 대한 애착과 경관에 대한 관심으로 이어진다. 경관제도의 핵심인 도시 내 사익과 공익의 중재를 공익의 홍보를 통해 이뤄내는 것이다.

싱가포르의 도시의 공공성 인지도 향상과 장소성 형성 기법은 비단 제도에 국한되지 않는다. 보다 효과적이고 직관적인 방법을 취한다.

그림 2-13. 싱가포르 도심의 오픈스페이스

바로 시민에게 열린 오픈 스페이스의 질과 양을 높이는 것이다. 도시의 공공공간인 오픈스페이스를 제공할 때 시민의 장소 경험을 생각한다. 그림 2-13는 싱가포르 도심 중앙에 위치한 오픈스페이스이다. 거대한 녹지 뒤로 마리나베이 샌즈 호텔이 보인다. 도시 중앙에 위치한 이 녹지는 거대한 공공공간으로 다양한 활동이 일어난다. 앉아서 쉬는 아이들, 작은 드론을 띄우는 사람들, 네트를 활용해 스포츠를 즐기는 사람들이 한 공간에 있다. 자연스러운 만남과 휴식, 컨텐츠가 형성되는 공간에서 사람들은 도시에 대한 긍정적인 경험을 쌓아간다.

　그림 2-14는 싱가포르 마리나베이 인근의 친수공간이다. 물로 향하는 구간이 넓은 면적의 판석으로 구성되어 있다. 수변은 막히지 않고 부드럽게 이동할 수 있으며, 넓은 판석 위에 앉아 쉬거나 수변을 조망하는 사람들이 가득하다. 싱가포르는 광범위한 물의 네트워크를 가지

그림 2-14. 싱가포르 마리나베이 인근의 친수공간

고 있는 나라이다. 하수로, 강, 폭우시 물을 수집하는 연못과 저수지, 운하로 이루어진 이 네트워크는 싱가포르 수경관을 형성하는 주요한 자원이다.

이러한 수자원들은 1960년대에는 기능적이고 효율적인 측면에만 치중되어 건설되었다. 1980년대 후반에 물에 관련된 기능적인 과제를 극복하게 되면서, 수자원과 도시를 도시와 조화롭고 아름답게 조성하는 새로운 도시 과제가 부상하게 되었다. 싱가포르 수변경관의 탄생기인 것이다. URA는 이러한 과제를 도시비전으로 가져갔다. 1989년, Waterbodies Design Panel(WDP)라는 자문기관이 설립되었다. 이들은 싱가포르 수변자원의 디자인과 경관에 대한 자문과 방향성을 내놓았다. 정부의 다양한 기관과 전문가들이 포함된 이 기관에서는 'Green and Blue plan'을 포함한 비전을 세우는데, 이는 "일과 즐거움, 문화와 상업이 조화로운 도시: 자연과 수역, 그리고 도시발전이 함께 어우러진, 아름다움과 개성, 우아함으로 가득 찬 도시[4]"가 그것이다. 이후 2002년, URA는 싱가포르의 법정 토지이용 마스터플랜에서 공원과 수역에 관한 계획을 제안한다. 이 계획은 녹지자원과 수자원을 활용해 생활환경을 향상시키고, 시민의 여가를 증진시키고자 하였다. 이런 연속적인 수변자원을 활용한 도시개발 및 계획의 성공에 영향을 받아 2006년, 싱가포르 국립 수자원 기관인 PUB에 의해 ABC 프로그램이 시작되었다. Active, Beautiful, Clean Waters(ABC Waters) 프로그램은 싱가포르내 수질을 개선하면서도 시민의 삶의 질과 긍정적인 여가 요구를 충족시키기 위한 프로그램이다. ABC의 방향성은 그 철자에서 알 수 있는데, 새로운 여가와 공공공간을 창출해 시민과 물의 관계를 가깝게 한다는 Active(활동적인), 기존 콘크리트 위주의 물길을 활기차고 아름다운 경관으로 변화시키고자 하는 Beautiful(아름다운), 수자원을 종합적으로 관리해 친수공간과 수자원 자체의 질을 향상시키는 Clean(깨끗한)이 그와 같다[5]. 이러한 수자원과 수변경관에 대한 관심과 지원 속에 시민들은 녹지와 수변(Green and Blue)을 일상생활에서 쉽게 즐기고 사랑한다.

결론적으로 싱가포르의 경관은 다양한 창구를 통해 시민과 소통한다. 일관성과 체계를 갖는 플랜, 다양한 기법과 흥미로운 정보전달 방

---

4) 원문은 "A city within an island which balances work and play, culture and commerce: a city of beauty, character and grace, with nature, waterbodies and urban development weaved together"

5) National Library Board Singapore, https://www.nlb.gov.sg.

식을 통해 관심과 애착을 전하는 전시공간, 싱가포르의 도시 아젠다와
시민의 도시에 대한 애착을 담는 발행물, 그리고 이러한 제도와 경관을
일상생활에서 실제로 느끼고 즐기는 오픈스페이스를 통해 시민은 경관
인지도, 도시에 대한 애착, 더 나아가 장소감을 갖게 되는 것이다.

2) 타 도시계획과 연계하는 일본의 경관제도

　요코하마는 동경만의 개항지로, 인구 100명도 안되는 해안마을에
1854년 미국의 제독 페리가 상륙하게 되어 가나가와 조약을 맺게 되며
개항의 서두를 열었다. 이후 1958년 미일수호 통상조약이 맺어지고
그 이전까지 도심인근의 작은 어촌 마을이었던 요코하마에 부두와 세
관 등 서구화된 건축물들이 조성되기 시작했다. 1859년에 요코하마가
정식개항되면서 요코하마는 서양의 문물들이 드나드는 무역항을 지닌
도시로 급부상하게 되었다. 이러한 요코하마의 역사적 특성은 1883년
개항한 인천광역시의 제물포와 흡사하다. 제물포 역시 작은 어촌마을
이었지만 개항이후 수많은 자원들이 넘나드는 거점이자 국제 비즈니스
의 도시로 거듭났다.

　현재의 요코하마는 아름다운 경관을 지닌 항구도시로 거듭났다.
1980년대 일본 정부의 주도로 미나토미라이21 사업이 시작되기 이전
의 요코하마는 도심부의 확장과 급격한 인구증가로 인해 과하게 팽창
된 형태였다. 기능적으로 약해진 도심부를 강화시키고 도시활력을 회
복하기 위해 제안된 것이 이 미나토미라이 21 프로젝트이다. 미나토미
라이(みなとみらい)는 직역하자면 '항구, 미래 21'이라는 뜻이다. 요코
하마가 21세기 미래의 항구로 탈바꿈하길 바라는 이 도시비전에 따라

요코하마는 개항기의 역사 문화와 같은 도시자원을 적극 활용해 역사
와 미래가 공존하는 친수경관을 형성하고 있다.

운하를 따라 상징적인 건축물이 이 계획지구의 스카이라인을 만들어
낸다. 가장 높은 건축물은 296M 높이인 랜드마크 타워이다. 거대한
관람차 역시 이 지역의 상징적인 경관을 형성한다. 비즈니스 지구, 호
텔과 쇼핑센터가 만들어내는 이 미래형 건축경관 선형 아래로는 구
항만의 경관이 펼쳐진다. 아카렌가 창고는 적벽돌로 이루어진 개항기
동경의 수출입 업무와 세관 검사를 하던 창고건물을 문화공간으로 변
화시킨 공간이다. 현재의 아카렌가 창고는 전시와 공연, 독특한 상점으
로 가득한 공간이 되었다. 잔디가 깔린 오픈스페이스에서는 다양한
야외 프로그램이 운영되고, 많은 사람들이 커뮤니티를 이루는 장소성
이 형성된다. 기샤미치(汽車道)[6]는 1911년에 만들어진 화물열차 기찻길
이 폐선 된 후 약 500M의 구간을 이용해 바다를 건너도록 조성한 산책
로이다. 미나토미라이21의 경관에서 역사자원들은 사라지지 않고 그
자리에 새로운 기능을 부여해 새로운 경관자원으로서 말 그대로 '재생'
되었다고 볼 수 있다. 인천은 요코하마처럼 개항기의 역사자원들을
다수 가지고 있다. 항구의 흔적, 조계지, 폐철길 등 대한민국 '최초'
타이틀을 가진 자원들이 여기저기 분포한다. 이러한 역사자원을 어떤
방식으로 보존하고, 어떠한 새 기능을 부여해 인천의 경관강점으로
재구성할지 고민하는 상황에 요코하마의 사례는 중요한 시사점을 줄
것이다.

6) 한국어로 번역하면 철로길이다.

　　우리나라에 본격적으로 도시재생사업이 도입되기 전, 일본은 먼저 도시재생이라는 정책적 패러다임을 온몸으로 겪었다. 저출산과 고령화, 산업의 변화와 도시 시설의 물리적 노후화는 일본의 저성장과 경제 침체를 낳았다. 기존 일본 사회를 유지했던 공동체 붕괴에 직면하고, 도쿄 도심이 빠르게 쇠퇴하기 시작했다. 불량채권화된 토지와 도심에 만연한 공실화는 도쿄 중앙에 위치한 텔레비전 아사히의 노후화에 따라 더욱 심해졌다. 1990년 버블 경제의 거품이 꺼진 뒤에 일본정부는 국가 차원의 공공투자나 지출 규모의 확대와 같은 시도를 해보았지만 큰 효과를 거두지 못했다. 이 과정에서 공공중심의 재정 확대가 아닌, 새로운 도시에 대한 전략이 도출되었다.

　　1998년 이후부터 추진되어온 중심시가지를 필두로 한 컴팩트한 도시만들기와 같은 중심시가지 활성화 정책이 그 예이다. 국내에서 마을만들기로 번역되는 마치즈쿠리(まちづく) 3법이 이 동향에 따라 입법된다. 마을만들기 관점에서의 도시계획법의 개정, 중심시가지 활성화에 대한 법률, 대규모 소매점포 입지법이 그것이다. 중심시가지 활성화 사업은 몇가지 원칙을 가지고 있는데, 특징적인 것은 물리적 환경 조성 사업과 프로그램 위주의 SW사업을 병행해서 실행한다는 것이다. 이를 통해 운영의 지속관리성과 중심지의 매력을 높인다는 목적이다. 또 다른 특징은 지역자산을 적극적으로 발굴해서 활용한다는 점이다. 역사문화 자원뿐만 아니라 지역의 특정한 경관자산, 인적자원까지 고루 발굴해 이를 활성화에 적극 사용해 지역만이 가진 특징적인 매력을 창출하는 것이다.

　　도쿄도 미나토구에 위치한 롯폰기힐스는 이러한 동향과 함께 시행된 프로젝트이다. 이는 장장 17년의 개발 기간을 통해 조성된 공간이며,

그림 2-15. 일본 도쿄 롯폰기 전경

2003년 개장 이후 전 세계적으로 성공한 도시재생사업의 사례로 불리고 있다. 10년이 넘는 기간 동안 권리 소유자 등 지역주민을 설득한 끝에 마치즈쿠리 협의회의 설립해 진행된 롯폰기힐스는 이제 도쿄의 새로운 문화 중심지가 되었다. 롯폰기 '힐스'라는 이름과 같이 이 지역은 남쪽과 17M의 고도차가 있다. 롯폰기힐스 모리타워는 54층 규모의 오피스 빌딩이며 그 일대의 마천루로 스카이라인을 형성한다. 7층에서 48층 까지는 국내외 굴지의 기업들이 입주한 사무실이며, 이 타워의 꼭대기에 위치한 모리 아트센터는 '문화도심'을 나타내는 복합문화시설이다. 모리아트센터는 모리 미술관, 전망대, 모리 아트센터 갤러리, 멀티플렉스 시네마, 레스토랑과 같은 문화공간으로 구성되어 있다. 타워의 저층에는 4,300㎡ 규모의 일본의 전통식 정원인 모리가든이 보행

그림 2-16. 21_21 DESIGN SIGHT 인근의 오픈스페이스

자에게 열려있다. 물소리가 나는 연못과 생태를 관찰할 수 있는 다양한 식물, 보행축이 고층 마천루와 함께 독특한 경험을 하게 한다. 롯폰기 힐스 일대의 경관은 도시재생, 마치즈쿠리 사업이 이 일대의 경제적 가치의 상승뿐만 아니라 지역이 가진 경관 재원을 활용해 특수한 경관 경험을 주는 장소로 만드는 것을 강력하게 추구했음을 알 수 있다.

롯폰기힐스에서 조금 걷다 보면 일본의 대표적인 디자이너인 잇세이 미야케, 사토 다쿠, 후카사와 나오토가 기획하고 마찬가지로 일본의 건축가인 안도 다다오가 설계한 21_21 DESIGN SIGHT가 나온다. 물과 녹지가 함께 있는 공원과 도쿄 미드타운까지 보행가로축으로 이어진 이 미술관은 국립신미술관, 롯폰기힐스의 모리 미술관과 함께 '롯폰기 아트 트라이앵글'에 속해 있는 미술관이다.

그림 2-16은 21_21 DESIGN SIGHT 의 인근이다. 미술관 자체의 건축물의 조형적 미학도 훌륭하지만, 미술관을 둘러싼 오픈스페이스가 제공하는 경험은 가히 롯폰기만의 도시브랜드를 형성하는 중요한 기제이다. 필자가 방문한 2023년 5월에는 이 오픈 스페이스에서 'MIDTOWN OPEN THE PARK 2023이라는 프로그램을 진행하고 있었다. PLAY와 EAT으로 구성된 이 공간의 프로그램은 중앙의 오픈 스페이스에서 이루어지는 피크닉 워크숍에서 큰 임팩트를 준다. 사각형으로 조성된 모던한 오픈스페이스 속에서 색색깔의 피크닉 소품들이 즐비하다. 이는 판매용 상품이 아니라 방문객이 참여할 수 있는 연구실 개념의 설치미술에 가깝다. 나무 합판으로 즉석해서 만드는 피크닉 소품을 체험하는 어린이들로 가득하다. 녹지 곳곳에는 동화에 나올 것 같은 바구니를 비롯한 피크닉 세트를 든 어른과 아이로 북적거린다. 잔디밭에 앉아 맥주한 잔의 여유를 즐기는 사람들, 반려견과 함께 커피를 마시는 사람들로 채워진 이 오픈 스페이스는 소통과 프로그램이 있는 공간이다. 독특한 경험을 할 수 있는 공공공간은 사람들의 장소에 대한 애착을 만든다. 이 공간에서만 경험할 수 있는 프로그램, 체험, 경관 등은 이 구간의 경관 경험을 브랜드로 만드는 것이다.

그림2-17은 동경역 인근 다이마루유 지구 안에 위치한 마루노우치 지역의 모습이다. 다이마루유 지구 역시 롯폰기힐스처럼 급격한 쇠퇴로 매력도가 떨어진 도심을 공공공간의 고도화를 통해 재생한 지역이다. 이 지역의 계획과 실행에 특징적인 요소는 이 거대한 개발계획 중 민간이 적극적으로 주도한 부분이 상당하다는 것이다. 민간주도의 계획 시도에는 1994년 다이마루유 지구 마치즈쿠리 기본 협정이 있다. 협정의 내용은 1. 새로운 도시공간의 형성, 2. 국제업무센터의 형성,

그림 2-17. 동경역 인근 다이마루유 지구의 마루노우치 지역

3. 쾌적한 도시공간의 형성, 4. 총합적, 일체적 가로 만들기, 5. 사회적
공헌, 6. 민관협조의 가로 만들기, 7. 가로 만들기 추진시스템의 구축
(정소윤, 2013: 76)과 같은 7가지의 기본 이념을 담는다. 이 협정내용은
이후 다이마루유지구의 가이드라인과 디자인 매뉴얼을 만드는 기틀이
된다.

　역사와 현재가 공존하는 듯한 마루노우치 지역은 도쿄역과 인근 황
궁의 역사문화자원을 보호하는 동시에 개발을 진행해야 했다. 역사경
관을 보호하는 동시에 경제적 이점을 포기하지 않기 위해, 특례 용적률
전용지구 제도와 함께 이 지역 건축물에 대한 구체적인 경관지침을
수립한다. 새롭게 지어진 비즈니스 마천루들은 모두 저층부가 분절되
어 있다. 이는 1930년대부터 마루노우치 지역, 특히 황궁 주변의 경관

관리를 위해 건축물의 고도를 31M(100척)로 제한하는 높이규제를 반영한 것이다. 또한 잘 들여다보면 횡단보도와 면한 건축물은 그 고깔지 부분에 건축선을 후퇴하여 해당 부분 가로축을 넓힌 것을 볼 수 있다. 이렇게 넓어진 공간은 공지의 역할을 해 보행을 증진시키는 경관을 형성한다.

역사 문화자원을 보존하는 일본 정부와 지자체의 시도는 다양한 도시조건을 가진 지역에서 그 지역의 성향에 맞게 일어난다. 교토는 1200년의 역사를 지닌 일본의 대표적인 역사도시이다. 풍부한 역사문화경관을 보존하기 위해 단계적인 경관관리시책을 운영하고 있다. 배후 산림경관과 전통가옥과 조화롭도록 전체 시가지의 최고 높이를 30-45M로 규제하는 방안이나, 역사문화자원이 밀집한 지역 등 전체 도시 계획구역의 약 85%의 면적에 대해 경관관리를 적극적으로 운영하고, 전통 건조물 보호지구, 특별보전 수경지구, 자연풍경 보존지구 등의 지구로 지정하여 특별 관리하고 있다. 경관을 관리하는 지구로 선정된 거리는 건축물의 높이가 매우 낮고, 비슷한 외장재로 조화를 연출한다. 실제로 매우 연속적인 역사문화경관 가로축을 형성하고 있는 것이다. 건축물 뿐만 아니라 바닥재와 맨홀 뚜껑 역시도 섬세하게 그 재질이 선정되며 그 시공방법 역시도 거리의 풍광과 어울리도록 시행된다. 가로에 포함된 색상 어느 하나도 눈에 튀어 보이지 않으며, 밤의 거리 역시도 적절한 조도와 조명색으로 계획되어 역사경관의 풍취를 느낄 수 있다.

인천 역시 과거와 현재가 공존하는 지역들이 많다. 대한민국 최초의 철도역 중 하나인 인천역 일대가 대표적이다. 그러나 인천역 인근의 신축 건축물은 역사자원의 조망을 가리는 등 경관을 저해하고 있다.

이 외에도 많은 지역들이 개발이익과 역사자원의 보존이라는 두 과제
에서 경관적 고민을 진행하고 있다. 개발의 이익과 역사문화 경관의
유지 두 마리 토끼를 다 잡은 마루노우치 지역의 경관제도와 민간 참여,
역사자원을 적극적인 경관시책으로 보존하는 교토에서 배울 것이 있을
것이다.

4. 경관제도의 도입에 따른 인천의 도시이미지 변화

경관관련 제도의 도입 이전과 이후의 인천광역시 경관을 분석하기
위해 먼저 경관법 도입 이전인 1997년에 인천연구원에서 발간한 「인천
광역시 도시경관정비 기본구상」을 보고자 한다. 연구자는 인천광역시
경관을 시가지경관구역과 해안경관구역으로 구분하고, 시가지경관은
상업업무지 경관구역, 주거지 경관구역, 공업지 경관구역, 자연 경관
구역으로, 해안경관은 공공해안 경관구역, 산업해안 경관구역, 자연해
안 경관구역으로 세분화한다. 이는 현재 인천광역시 경관계획의 경관
구분과는 상당한 차이가 있지만, 당시 인천광역시 경관의 중요한 과제
가 열악한 주거 및 시가지 경관, 시민 접근이 어려운 공업 해안경관임
을 추측해볼 수 있다. 연구자는 당시 인천의 도심부를 '인천항 및 월미
도, 연안부두 등의 해안지역을 중심으로 다양한 도시경관을 가진 상업
업무지역'과 시청, 종합문화회관, 터미널 등이 입지한 구월동 신시가지
지구, 당시 조성중인 영종도, 송도의 신시가지(이종현, 1998: 32)로 구분
한다. 이러한 상업업무를 포함한 도심경관의 문제점으로 '상업업무지
다운 경관이미지의 부족', '구도심주변 상업지역의 노후된 혼란스러운

경관', '고속도로에 의한 지역분리 및 도시경관의 연속성 단절', '통일되지 않은 가로경관 이미지', '수변공간의 경관요소 미활용', '시민이 접근하기 어려운 교통체계' 등을 도출한다(같은 책: 33-34). 또한 '단독 및 연립주택의 옥상 미정비' 등과 같은 노후 주거지 쇠퇴 현황, 주거지역과 공업지의 혼재로 주거지역 경관의 황폐화 등이 함께 시가지경관의 문제점으로 대두된다. 해안경관의 중요한 문제점은 먼저 해안선의 대부분이 공업지로 분리되어 있어, 시민이 체감할 수 있는 친수공간이 확연히 부족하다는 점이다. 이는 또한 크레인과 항구시설들이 점유함에 따라 경관 저해요소로 인식된다. 도심 내부의 하천은 대부분 복개가 되어 도시 내의 친수공간이 부족하다는 문제점 역시 도출된다.

2022년 시민, 방문객, 행정가등 3,336명을 대상으로 시행된 2040 인천경관계획을 위한 경관의식조사에 따르면, 섬경관에 대한 만족도는 높은 반면, 하천 및 수로와 같은 내부 수변경관에 대한 만족도는 여전히 낮은 것으로 나타난다. 해안경관에 대한 만족도 역시 시민체감도가 여전히 떨어지며, 여전히 공업시설이 차지하고 있는 인천의 해안선에 대한 경관 과제가 남아있다고 평가할 수 있다. 그림2-18은 인천의 화수부두의 경관이다. 화수부두는 개항 이후 일제강점기에 조성된 부두로, 새우젓이 유명한 어항이었다. 지금은 소형선박과 건너편의 공장단지들이 함께 조망되는 수변 경관을 이루고, 화수부두 인근엔 어두운 수탈의 역사 잔재해 연속적인 역사경관을 형성한다. 내부를 들여다보면, 수변을 막는 펜스 아래로 어망과 도구들이 있어 어촌의 향수를 느낄 수 있다. 저층의 상가들은 주로 상회, 횟집, 낚시용품점으로 이루어져 있다. 조금 더 걸어가면 작은 주택이 연속한다. 아주 좁은 골목길과 동네주민이 놓은 화분들이 원도심의 경관을 이룬다. 군데군데 연탄

그림 2-18. 인천 동구 만석부두

이 쌓인 드럼통이 보인다. 공업용지가 다수 분포해 시민이 보행하기 좋은 가로경관은 아니지만 나름의 컨텐츠가 있는 수변자원이라는 것이다. 이러한 화수부두와 인근 만석부두를 시민에게 돌려주기 위한 경관적 시도들이 여기저기 일어나고 있다. 해안산책로의 조성, 야간조명과 컨텐츠를 살린 야간경관 조성 등으로 빛의 항구로 연출하려는 시도들이 그러하다.

장수천은 인천광역시 남동구에 위치한 지방2급 하천으로, 인천대공원 호수에서 소래포구 바다로 흐르는 남동구에 대표적인 수변축이다. 길이 7km정도의 이 수변축은 인근에 공동주택단지가 있어 많은 사람이 찾는 공간이다. 여름의 태풍이 한차례 지나가고 유난히 화창하던 날 기록을 위해 찾은 장수천은 자전거, 반려견을 산책 시키러 온 사람

그림 2-19. 인천 남동구의 장수천

들, 햇볕을 즐기러 나온 사람들로 가득했다. 긴 수변축을 걷다보면 어느 구간은 포장이 되어있고, 어느 구간은 흙길이다. 흙길 구간에는 태풍의 여파로 뽑혀져 나가지 않은 식재들의 뿌리가 드러나 있었다. 풀이 우거진 흙길을 걷다보면 오리가 보이고, 작은 물고기도 보인다. 자연생태하천인 까닭이다. 커브길에서 빠르게 달리는 자전거에 할머니가 다칠 뻔 한 것을 목격한다. 유속이 느려지는 구간에서는 쓰레기가 쌓여있기도 하다. 몇 개의 교량 하부는 어둡고 습하기도 하다. 긴 수변보행축은 어떤 구간은 위험하기도, 어떤 구간은 푸릇하고 소담하기도, 어떤 구간은 불쾌하기도, 어떤 구간은 너무 아름답기도 하다(그림 2-19).

축을 따라 계속 걷다보니 한 구간에서 한 아버님이 낚시를 하고 계신다. 무엇이 잡히는진 모르겠지만 봄철이면 장수천에 쑥 캐는 분들이 가득이라고 한다. 불법이 아닌 한 이런 행위들이 특정 장소감과 장소경험을 고취시키는 행동들이 아닐까 생각해본다. 도시설계 방식의 하나인 랜드스케이프 어바니즘(Landscape Urbanism)은 도시는 각 건축 개체, 환경의 물리적 배치로 이루어지는 것이 아니라 인간, 환경, 개체 등이 이루는 다양한 관계와 컨텐츠가 생태학적 관계적 복합성을 지닌 대지 위에서 일어남으로써 형성된다고 본다. 장수천에서 일어나는 것과 같은 소박한 생태적 활동이 인천의 수변경관계획의 큰 골자가 될 수는 없다. 하나의 예이다. 그러나 만족도가 낮은 인천 수변경관에 대한 대안을 이곳에서 찾아낼 수 있지 않을까 제안해본다. 하나하나의 수변 구간에 대해 지리적으로 구간을 떼어내어 '여기는 보행로, 여기는 자전거를 위한 공간, 여기는 조망데크…'식으로 운영되는 계획에서 더 나아갈 필요가 있다. 수변에 대한 접근성, 체험, 장소와 사람이 맺는 관계를 적극적으로 검토할 때이다.

　인천광역시 신도시에 대한 경관 이미지는 만족도가 높은 반면, 원도심의 경관은 여전히 긍정적인 부분보다는 낙후되어 있다는 부정적 이미지가 지배적이다. 원도심, 신도시, 산림녹지의 불균형 등 인천광역시 내 경관자원의 불균형은 여전한 인천시 경관의 문제점이다. 특히 동구, 미추홀구, 남동구, 부평구, 서구의 가로경관 만족도가 낮은 것을 보면 경관의 지역격차를 느낄 수 있다.

　그림 2-20은 동구의 송림동이다. 동구는 인천광역시 내 구·군 중 가장 작은 7.61㎢의 면적을 차지하고 있으며, 도시쇠퇴도가 높아 대표적인 도시재생사업 대상지로 인식된다. 동구는 과거 인천이 개항이후 항만을 통해 발전할 당시 인천지역 발전의 핵심이자 모태가 되었던 지역이며, 임해공업지역과 배후에 주거지역이 조성되어 인천의 산업

그림 2-20. 인천 동구 송현공원 인근 주택경관

발전을 주도해왔다. 그러나 1980년 이후 신도시 개발전략 등에 따라 도시기능이 쇠퇴하며 인천의 대표적인 원도심으로 인식된다. 동구 주거지역의 상당수가 50년 이상 노후된 건축물이며 쇠퇴도가 40% 이상이다. 사진 속 송현공원 인근의 주택도 그런 지역 중 하나이다.

구릉지 위에 위치한 송현공원 앞 신정희 장군 동상은 동구 전역이 조망되는 주요한 조망점이다. 멀리 신축이 진행되는 공사시설과 잘 정비된 높은 건물들이 보인다. 조금 걸어가면 노후 주택들이 보인다. 아주 대조적인 두 경관양식의 대조가 한 지점에서 일어나고 있는 것이다. 노후주택은 협소하게 지어져 벽판과 지붕 사이 틈으로 물이 들어간다. 아주 좁은 골목을 기준으로 열 몇 세대가 마주 보고 있다. 협소주택 사이로 빈집도 다수 존재한다. 주인 없이 방치된 노후주택에서 주민

그림 2-21. 조망점이 되는 인천 동구 송현공원 앞 신정희장군 동상

말로는 밤마다 인기척이 들린다고 한다. 집으로 진입하는 계단이 위험
할까 손수 만든 손잡이, 주택 벽에 써진 시들, 두런두런 이야기를 나누
려 놓은 나무평상, 꽃이 심어진 화분들이 이 지역의 경관은 이 공간에
사는 사람들이 만든 것임을 드러내고 있다.

　도시재생사업이 본격적으로 시작된 지도 햇수로 8년이 넘었다. 동구
에 많은 노후주택들이 재생사업과 재개발로 사라지거나 좀 더 나은
환경이 되고 있다. 원도심에 대한 경관계획 역시 그간 많은 전략과
방향이 제시되었다. 가로의 정비, 주거환경의 정비, 안전한 거리...
시간이 많이 흘렀지만 여전히 인천시민들은 원도심과 신도시의 경관격
차를 인천경관의 주요한 문제로 지적한다. 안전한 도시에 대한 요구와
불균형한 경관자원 등이 그러하다. 이러한 상이한 것들의 공존, 불평등
은 어떤 부분에서는 이제 인천의 경관적 특징이 되어 가고 있다. 주거

나 생활의 질과 복지 측면에서는 이러한 노후주택, 위험한 환경은 개선
되어야 한다. 지역의 어르신께 물었을 때도 너털 내놓으시는 대답이
그러했다. "궁궐 같은 집에 살고 싶지, 물이 새고 너무 추워. 불편한
게 많지." 그러나 필자가 장소성이라 해석할 수 있는 말도 덧붙이신다.
"근데 여기 내 손 안 탄 곳이 없어. 여기를 두고 어딜 가나." 어떠한
방식이어야 지역의 커뮤니티와 이미 쌓은 장소적 유대가 만든 특정한
문화적 경관을 덜 해치면서 삶의 질을 높일 수 있을지 고민이 필요하다.
상이한 경관 요소의 평준화가 반드시 맞는 답일지 오래간 마주한 경관
문제를 '문제'로 여전히 바라보아야 하는지, 관점과 전략의 전환이 필
요하진 않은지 자문해 볼 시점이다.

시민이 생각하는 인천광역시의 도시 이미지는 1순위가 산업도시,
2순위가 해양도시, 3순위가 국제도시이다. 또한 앞으로 지향해야 하는
인천광역시의 도시이미지는 1순위가 국제도시, 2순위가 균형발전도
시, 3순위가 자연생태도시(인천광역시, 2023: 17)이다. 시민이 생각하는
대표 자연경관은 바다이며 대표 도심경관은 항만이다. 1997년의 연구
이후 26년이 흐른 지금에도 인천광역시는 여전히 산업 및 공업도시의
이미지를 가져가고 있으며, 해양자원이 주요한 자원임은 변화가 없다.
그러나 균형발전도시에 대한 관심은 인천광역시의 도시구조와 도시현
안을 반영한다고 볼 수 있다.

그림 2-22는 수변 너머로 멀리 인천의 공업경관이 분포하는 것을
보여준다. 인천을 대표하는 바다와 함께 해안선을 따라 저층의 공장과
배가 연속적으로 조망된다. 인천앞 바다의 형상은 을왕리, 월미도와
같은 몇 군데의 친수공간을 제외하고는 이러한 공업도시이다.

그림 2-23는 인천 중구 자유공원에서 바라본 내항의 모습이다. 중구

그림 2-22. 인천의 수변공업경관

청 앞 많은 역사문화자원과 호텔과 함께 내항이 조망된다. 내항은 개항
기에 개장되어 100년의 역사를 자랑하는 항만이다. 그러나 송도국제도
시 인근에 인천신항과 인천항 국제여객 터미널이 건설되며 물량이 줄
어들며 그 기능이 쇠퇴하고 있다. 이러한 내항 – 1·8부두 – 를 대상으
로 한 재개발 사업과 함께 이를 친수공간으로 시민에게 개방하는 계획
이 최근 '제물포 르네상스'라는 이름으로 적극 실행되고 있다. 이는
물을 즐기고 만질 수 있는 체험형 수공간과, 마리나, 레저보트와 같은
해양레저의 중심지로 만드는 것이다. 이처럼 과거 인천을 구성하던
항만 산업과 공업기반은 쇠퇴하고 그 기능을 적극적으로 전환하고 있
는 실정이다. 계획대로 간다면 5년 뒤, 10년 뒤에는 인천의 친수공간이
더 늘어나고, 공업경관이라는 인식에서도 탈피할 수 있을지 모른다.

그림 2-23. 인천 중구 자유공원에서 바라본 내항의 모습

  산업체계의 변화로 성장 동력을 잃고 쇠퇴하는 원도심의 경관과 새로운 국제금융, 비즈니스의 중심지로 대두되는 신도시 경관의 대조, 이에 따른 공공녹지와 같은 시민의 삶의 질을 결정짓는 경관자원의 격차 등은 인천시가 주요하게 겪는 도시경관의 문제이다. 도시재생 뉴딜사업과 함께 지역 간 격차가 도시적 과제로 대두되면서 이에 대한 도시경관의 관심 역시도 높아진 것이다. 또한 자연생태도시 과제의 부상 역시도 인천광역시 내 도시개발이 어느 정도 성과를 이루게 되면서 대규모 개발이 아닌 삶의 질을 높일 수 있는 도시경관에 대한 관심이 높아진 결과라 할 수 있다.
  결론적으로 인천광역시의 경관제도에 따라 가로경관, 주거경관과 같은 시민 삶의 질과 밀접한 연관이 있는 경관요소들의 변화가 컸다.

여전히 지역 간의 경관격차에 대한 불만과 이질성이 문제로 대두되고
있지만, 시민의 경관에 대한 인식도를 향상시키고, 경관사업에 관심을
갖게 했다는 지점에서 의미가 있다. 또한, 보존해야 할 자원인 자연경
관자원, 역사문화자원의 관리 및 보호 역시도 경관에 대한 관심 속에
원활히 운영되고 있다. 인천에 주요한 자원들은 그 인근이 중점경관관
리구역으로 지정되어 고층빌딩이나 난개발이 이루어지지 않도록 심의
절차를 통과해야 한다. 특화된 경관계획이 있는 지역의 경우에도 색상
과 건축물의 외장재를 특화하는 등 규제와 유도의 방식을 따라야 한다.
인천광역시는 경관 아카이브라는 경관에 특화된 정보를 제공하는 종합
플랫폼도 제공하고 있다. 이를 홍보하는 행사와 방안들도 매년 이루어
지고 있다. 시민에게 생소했던 개념인 경관이 많은 매체와 시도를 통해
친숙도를 높여 가고 있다. 특히 신도시의 경관은 근 10년 인천의 외연
과 이미지를 많이 전환한 주요한 경관요소이다. 송도의 컨벤시아, 센트
럴파크, 영종도의 아레나, 청라의 호수공원 등은 인천의 대표적 경관이
미지가 되었다.

　그러나 여전히 많은 과제가 있다. 먼저, 도시계획을 비롯한 경관제도
란 것이 선출직 지자체의 장의 의도에 따라 너무도 빠르게 변화한다는
것이다. 경관도 도시계획도 한순간에 이루어지는 것이 아닌 축적과
관리, 형성의 미학이다. 1장에서 언급했던 잉골드의 행위경관 개념을
참고하면, 좋은 경관은 도시민이 도시공간에 대한 인식과 반복적인
행위를 통해 만들어진다고 볼 수 있다. 장소에 대한 인간의 애착 없이는
좋은 경관이 형성될 수 없다는 것이다. 따라서 그 어느 계획보다 장기의
큰 계획이 필요하다. 싱가포르는 물론 우리나라와 행정·정치의 매커니
즘이 몹시 다르지만, 그들이 가진 마스터플랜의 기원이 1971년 컨셉플

랜이고 이 계획이 현재까지 유지되고 있다는 사실은 그들이 가진 거대한 경관 파워이다. 이러한 제도에 대한 확고한 믿음 아래 시민들은 URA 도시갤러리를 방문해 도시를 속속들이 이해해 간다. 명료한 홍보 방안과 다양한 경관적 자극 아래 시민들은 지역의 장소성과 경관 애착을 높인다. URA가 발간하는 도시경관에 대한 일종의 잡지인 Skyline 2021년호에서는 이렇게 말한다.

> 2021년은 싱가포르가 최초의 장기계획인 Concept Plan이 공표된 지 50년이 된 해입니다. 50년이 지난 지금, 이 최초의 계획에서 기획된 많은 것들을 실제로 우리 생활에서 경험할 수 있습니다. Expressways, MRT(Mass Rapid Transit), Changi 국제공항까지요. 자기자신과 가족을 위해 20-30년의 미래를 계획한다고 가정해 봅시다. 어떤 방식으로 미래를 예측하고 오늘의 결정을 내리면 미래를 잘 준비했다고 평가할 수 있을까요?
> ...
> 50년 전에 우리의 선진 계획가들이 한 선택을 통해, 또한 시간의 흐름에 따라 한 선택에 따라 우리는 여러 가능성을 탐험하고 추구해 왔습니다. 이제는 우리의 차례입니다. 2021년, 우리가 가진 장기계획을 검토하면서 지금 도시의 외연뿐만 아니라 미래 세대를 위한 선택지를 확보하기 위해 좋은 선택과 결정을 계속 내려야 합니다.
> 이번 호에서는 전문가와 시민들을 인터뷰하면서 그들의 삶의 양식과 경관이 변화하는 추세를 고찰하고, 더 많은 마법, 배려와 사랑으로 가득한 미래를 꿈꾸고자 합니다. 이 과정에서 우리는 우리가 '집'이라고 부르는 이 도시를 더 사랑하게 된다는 것을 깨닫습니다.
> (Singapore URA, 2021: 1)

연속성과 안정성을 갖는 경관제도 속에서 시민은 행정을 신뢰하게 된다. 또한 시민은 일관성이 있어야 경관 목표에 공감할 수 있다. 경관은 공공과 민간, 전문가가 함께 만들어내고, 유지 및 관리하는 가치이기 때문에 무엇보다 모든 이해당사자의 공감이 중요하다. 제도에 대한 신뢰와 공감 속에서 시민은 행정이 내리는 '선택과 결정'이 좋다고 믿을 수 있다. 그 믿음이 도시의 내외연에 대한 애착을 만든다. 얼마나 많은 인천 시민이 도시를 집이라고 부르는가? 도시경관에 장소성과 인간의 공간 경험을 배제하면 영혼 없는 도시가 될 수 있다는 세넷의 말처럼 이제 인천광역시 경관제도는 형성기를 지나 성숙·안정기로 한 단계 더 나아가야 할 시점이다.

경관의 경제적 접근방법

1. 경관의 경제적 관심 대두

1970년대까지는 세계 각국에서 경관 자체가 경제적 가치로 고려되지 않았다. 따라서 경제학자들의 관심을 받지 못했다. 이후 자연과 인간의 관계를 현대적 관점에서 이해하기 위해서 경제체계와 숨은 경제적 가정이 중요한 이슈로 대두되면서부터 경관의 경제적 가치에 대해 관심을 가지기 시작했다. 초기에 경제학자들은 경관은 경제 활동의 결과물로 나타나며 경제체제에서 외부효과로 간주하기 시작했다. 즉 의도하지 않게 자유시장에서 우연히 편익 또는 비용을 발생시키는 인간의 경제 활동에 따른 부산물로 간주하였다. 물론 일부 개별 경제주체가 공원과 정원과 같은 의도적인 경관을 조성하는 예외적인 것도 인정하지만 사유재산이 아닌 공공재로 간주하였다. 소득 증대에 따른 삶의 질 향상에 대한 수요증가로 공익의 차원에서 적합하고 필요한 것으로 인식하였다.

이러한 경제학자들의 관심은 1970년부터 시작된 경제 활동으로 인한 환경 폐해의 지각과 함께하였다. 환경경제학자들은 매우 높은 수준으로 환경피해를 화폐가치로 측정하고 이를 의사 결정에 고려하도록 하였다. 이에 경관 경제학자들이 나타나서 경관 정책 목표를 어떻게 설정하고 구현하는가 하는 구체적인 경제적 접근방법을 주창하고 제안하였다. 경관 가치를 측정하며 평가하고 이를 다양한 이해관계자가 의사 결정을 효율적으로 하도록 지원하는 역할을 하였다.

경관경제학 분야를 처음 소개한 경제학자는 1978년 콜린 프라이스 (Colin Price)로서 「경관경제학(Landscape Economics)」이란 타이틀로 발간하면서 시작되었다. 그는 책에서 경관 가치, 가치 평가 기술, 그리고 미관과 경제학의 공통관계를 규명하는 데 중점을 두었다. 경관 가치에 대해서는 자연적인 것보다 미관과 감성적인 요소를 강조하면서 이를 어떻게 개념을 정의하는가 하는 문제를 다루었다. 그러나 미관과 감성은 도구나 수단이 아니고 결과물 자체이기에 비교 불가능성 (incommensuralbility)의 문제를 안게 되었다. 즉 경제학적 관점에서는 대안 중에서 좋고 나쁨을 비교 선택할 수 있어야 하는데 미관과 감성을 그런 개념으로 정의할 수 없는 한계를 안고 있기 때문이다. 신고전 경제학의 가정에 적용하기에 한계를 안고 있어서 새로운 경제학 이론에 도전이 필요하게 되었다.

경관경제학적 접근보다 1세기 이전에 활발하게 자연적 환경에 대한 화폐가치로 평가하는 접근이 환경경제학으로 다루어져 왔으나 환경경제학에서는 주로 자연환경의 보전 등에 국한하는 한계가 있었다. 경관의 개념 정의에서 나타나듯이 오늘날 우리가 학문의 대상으로 다루는 경관의 범위는 매우 복잡하고 광범위하며 특히 인간의 경제 활동과 상호작용하는 모든 현상을 다루고 있다. 따라서 경관경제학으로 다루는 범위는 환경경제학의 범위를 훨씬 능가하는 것이다.

경제학이 어떤 재화나 서비스에 대한 가치를 평가하는 기본원리는 개별 경제주체가 독립적으로 주관적인 지불용의 가치를 결정한다는 것이다. 즉 재화나 서비스가 구성하고 있는 속성에 대한 개인의 주관적 인식을 화폐가치로 측정하는 것이다. 이러한 경제학 원리를 경관의 속성에 접목하여 경관 또는 나아가 공공정책의 의사 결정에 이바지하고자 하는 노력이 이어졌고 많은 평가기법이 개발되었다. 경관경제학자들의 큰 노력과 기여가 있지만 확고한 신념을 모두 천명하지는 않고 경관 정책에서 필요충분조건이라고 강조하지도 않는 실정이다. 아마도 경관 가치 평가가 그 자체로서 모든 것을 충족하지 않고, 단지 보다 나은 경관관리 의사 결정을 위한 선결의 의미 때문이다.

경관경제학자들은 세 가지 관점에서 경관 의사 결정을 향상하는 데 이바지하였다. 첫째, 그동안 경관의 가치가 과소평가된 것을 경제적 가치로 보여줌으로써 경관의 중요성을 일깨워주는 데 이바지하였다. 따라서 공공정책에서 경관을 고려하여야 한다는 것을 강조하게 되었다. 둘째, 정책결정자들의 의사 결정에 공정성과 투명성을 높이는 데 이바지하였다. 한정된 자원을 가지고 공간계획과 개발계획 과정에서 더 공개된 가치 평가 자료를 가지고 공정하고 투명한 의사 결정을 가능하게 하였다. 끝으로 경관경제학자들은 경관계획에서 경관계획가로서 중요한 파트너가 되어 최적의 경관을 위한 계획에서 다양한 이해관계자들의 의사를 반영하는 상의하달에서 하의상달의 계획과정으로 변화시켰다는 것이다.

경관에 대한 경제적 가치 평가의 체계적인 서막을 열어준 분석의 기본 틀은 1994년 시작하여 2000년 서명하고 2004년 발효된 "유럽평의회의 유럽경관협약(Euripean Landscpae Convention)"에서 찾을 수 있다. 이 협약은 자연경관에 집중한 기존의 전통적 경관에 대한 인식에서 탈피하여 경관 고유의 다양한 인식과 선호를 반영한 다기능적인 경관의 경제적 가치를 평가하는데 기본 틀을 제공하였다. 협약의 서문과 본문에서 경관에 대한 개념을 혁신적으로 다양한 측면을 포함하여 광범위하고 모호하게 정의하였다. 경관을 지역적 특성이 있는 다양한 범위와 규모의 공간적 실체로 정의하였다. 또한 경관은 인간에 의해 인식되고 경험하여 결과적으로 관측자와 관계성을 가지고, 공간적 실체를 정의하는 특성에 의해 전체적으로 표출된다고 했다. 경관은 자연적 과정과 인간 행위 간의 끊임없는 상호작용의 결과로 경관은 고유의 특성이 동적으로 변화한다고 설명했다.

유럽 경관협정에서 제시하고 있는 경관의 새로운 개념 정의와 관련한 세부 내용을 살펴보면 다음의 표 3-1과 같다.

표 3-1. 유럽경관협약(European Landscape Convention)

플로렌스 협약으로도 알려진 유럽평의회의 유럽 경관협약은 유럽 경관의 모든 측면에 독점적으로 전념하는 최초의 국제 조약이다. 그것은 당사국의 전체 영토에 적용되며 자연, 농촌, 도시 및 도시 주변 지역을 포함한다. 그것은 일상적이거나 훼손된 풍경뿐만 아니라 뛰어난 것으로 간주될 수 있는 풍경에 관한 것이다. 이 협약은 모든 경관의 보호, 관리 및 계획과 살아있는 경관의 가치에 대한 인식을 높이는 것을 목표로 한다.

역사

배경

협약에 대한 작업은 1994년 유럽 평의회의 지역 및 지방 당국 회의(CLRAE)에 의해 시작되었다. [1] CLRAE 내에서 협약 초안은 다른 CLRAE 회원 (Cristiana Storelli, Pierre Hitier 및 François Paour)이 의장을 맡고 유럽평의회 임원인 Riccardo Priore가 조정한 실무 그룹에 의해 준비되었다.

이 그룹에는 Régis Ambroise, Michael Dower, Bengt Johansson, Yves Luginbuhl, Michel Prieur 및 Florencio Zoido-Naranjo와 같은 전문가가 포함되었다. 협약 초안은 1998년 4월 2일부터 4일까지 플로렌스에서 개최된 CLRAE 협의 회의에서 장관급 대표, 국제 및 비정부기구간에 협의되었으며, 그 후 최종 초안이 준비되었다. [◇]

서명

유럽 평의회의 유럽 경관 협약은 2000 년 7 월 19 일 스트라스부르에서 유럽 평의회 장관위원회에 의해 채택되었으며, 2000 년 10 월 20일 **플로렌스**(이탈리아)에서기구 회원국의 서명을 위해 공개됐다. 그것은 유럽의 경관 보호, 관리 및 계획을 촉진하고 유럽 협력을 조직하는 것을 목표로 한다. 이 협약은 2004년 3월 1일에 발효되었다.

실행

2020년 4월 1일 현재 유럽평의회 40개국이 비준하였다: 안도라, 아르메니아, 아제르바이잔, 벨기에, 보스니아 헤르체고비나, 불가리아, 크로아티아, 키프로스, 체코, 덴마크, 에스토니아, 핀란드, 프랑스, 그루지야, 그리스, 헝가리, 아이슬란드, 아일랜드, 이탈리아, 라트비아, 리투아니아, 룩셈부르크, 몰도바, 몬테네그로, 스페인, 스웨덴, 스위스, 우크라이나, 영국. 또 다른 국가는 서명했지만 비준하지 않았다. : 몰타.

목적

이 협약은 민주주의, 인권 및 법치를 증진하고 오늘날 유럽 사회가 직면한 주요 문제에 대한 공통의 해결책을 모색하는 유럽 평의회의 목표 이행에 중요한 기여를 한다. 새로운 영토 문화를 개발함으로써 유럽 평의회는 인구의 삶의 질과 복지를 증진하고자 한다.

유럽 경관 협약 (European Landscape Convention)은 경관 보호, 관리 및 계획의 품질에 중점을 둔 유럽 전역의 개념을 도입하고 뛰어난 경관뿐만 아니라 전체 영토를 포괄한다. 획기적인 접근 방식과 더 넓은 범위를 통해 유럽 평의회와 유네스코의 유산 협약을 보완한다.

구조

이 협약은 서문과 18 개의 조항으로 구성되어 있으며 4개의 장으로 나뉩니다.

> 제 I 장 – 일반 조항 – 1 – 3조;
>
> 제 2 장 – 국가적 조치 4 – 6조;
>
> 제 3 장 – 유럽 협력 - 7 – 11조;
>
> 제 4 장 – 최종 조항 – 12 – 18조.

서문

- 협약의 서문은 특히 경관이 다음과 같이 명시되어 있다.
- 개인 및 사회 복지의 핵심 요소이다.
- 지역 문화의 형성에 기여하고 그것이 유럽의 자연 및 문화 유산의 기본 구성 요소라는 것;
- 전 세계 사람들의 삶의 질에 중요한 부분이다.

또한, 이 대회는 양질의 경관을 즐기고 발전에 적극적으로 참여하고자 하는 대중의 소망에 대한 응답이라고 명시되어 있다.

본문

제1조는 '경관' 정의를 제공한다. 협약의 목적을 위해 그것은 성격이 자연적 및 / 또는 인적 요인의 행동과 상호 작용의 결과 인 영역이다. 또한 '경관 보호'를 경관의 중요하거나 특징적인 특징을 보존하고 유지하는 조치로, '경관 관리'를 경관의 정기적인 유지를 보장하는 조치로 정의하여 내부의 변화를 안내하고 조화시킵니다. 마지막으로 "조경 계획"은 조경을 개선, 복원 또는 조성하기 위한 강력한 미래 지향적 조치로 정의된다.

제2조는 조약의 영토 및 기능적 범위를 나타낸다. 여기에는 다음이 포함된다.

- 자연, 농촌, 도시 및 도시 주변 지역
- 육지, 내륙 및 해양 지역
- 뛰어난 것으로 간주될 수 있는 풍경과 일상적이거나 훼손된 풍경

제3조는 조약의 목적이 경관 보호, 관리 및 계획을 촉진하고 경관 문제에 대한 유럽의 협력을 조직하는 것이라고 규정하고 있다.

제5조와 제6조는 다음과 같은 당사자들의 일반적 및 구체적 의무를 명시하고 있다.

- 경관 보호, 관리 및 계획을 목표로 하는 경관 정책 수립 및 시행
- 지역, 도시 계획, 문화, 환경, 농업, 사회 및 경제 정책에 경관을 통합한다.
- 풍경의 가치, 그 역할 및 변화에 대한 인식 제고
- 조경 정책, 보호, 관리 및 계획에 대한 훈련 및 교육 촉진
- 해당 지역의 풍경을 식별하고 평가한다. [8]

제7조 내지 제9조는 국제협력, 원조, 전문가 및 정보의 교환에 관한 것이며, 당사국들이 공동경관프로그램을 준비하고 이행하도록 장려한다.

제11조는 유럽 평의회 (Council of Europe)의 조경 상 (Landscape Award)을 나타냅니다. (아래 참조).

제15조는 당사국이 협약이 적용되기를 원하는 지역을 지정할 수 있도록 허용한다. 이 기사는 예를 들어 덴마크가 그린란드에 대한 조약의 적용을 배제하기 위해 사용했다.

제16조는 당사국이 언제든지 유럽평의회 사무총장에게 통지함으로써 협약을 폐기할 수 있는 권한을 부여한다.

자료: https://en.wikipedia.org/wiki/European_Landscape_Convention

2. 경제적 가치로서 경관

1) 다양한 개념

토지와 다르다.

경관은 동적으로 전체적인 현상을 나타내는 공간 실체로서 토지와는 근본적으로 다르다. 토지는 일반적으로 개인이나 기관이 소유한 공간과 경계로 구분된 영역의 한 부분으로서 소유자에 의해 자유롭게 사용되는 재산을 의미하는 것과 경관은 다르다. 인간은 토지의 이용을 통해서 경관을 형성하게 되는데 토지의 이용 목적에 따라 다양한 경관을 낳게 된다. 20세기 초에는 물리적인 환경과 사회적 활동의 상호 작용 결과로 나타내는 특정한 특성이 있는 실체로서 정체성을 구현하기 위해 경관의 개념을 활용하게 되었다.

전체적인 실체이다.

경관은 여러 요소를 단순히 집합시킨 것이 아니라 그 이상을 의미한다는 것이다. 전체주의가 의미하듯이 경관은 인간의 전체 생태체계를 구성하는 총체로서 계층적으로 구성된 개방체계로서 복잡성의 특성을 갖게 된다. 또한 그 체계를 구성하거나 연구 대상에서 범위와 규모는 매우 중요한 요소가 된다. 따라서 전체적인 실체로서 경관은 인식되는 것뿐만 아니라 형태와 구조, 과정에서 조직을 구성하고 있는 하나의 체계를 의미한다. 이러한 개념은 경관을 생산요소의 단순한 집합체가 아니라 관련된 다른 요소들과 상호 보이지 않게 작용하면서 영향을 주고받는 외부효과의 특성을 띠게 된다. 외부효과의 특성이 발휘될 때 사회적 최적 수준에 대한 논의를 유발하게 되어 궁극적으로 계획을 통해 관리해야 하는 정책 수요가 발생한다.

인식(지각)된 결과이다.

경관은 토지와 다르게 관찰자인 인간이 실체적 모습을 관찰한 후 주관적으로 각 요소에 대한 선호도를 부여한 결과이다. 따라서 관찰자에 따라 실체적 모습이 다양하게 관찰되고 인식되어 표출되는 것으로 측정된다. 이러한 관찰과 인지과정에서 경관은 정신적이며 사회적인 의미와 가치가 구조적으로 반영되어 정체성, 특성, 그리고 장소성 등의 개념과 직결되기도 한다. 단순히 존재하는 실체를 객관적으로 측정하거나 기술적으로 순위를 부여하는 것을 넘어서 다양한 개인이 각기 다른 선호를 가지고 인지한 값들로 순위나 서수척도로 측정할 수 있다. 이러한 기초개념은 신고전 경제학 효용이론의 가정과 밀접하게 공통점을 가지고 있어 경제학자들의 관심을 끌게 된 것이다. 즉 일반적인 재화와 같이 경관 자체를 하나의 재화로 취급하면서 그 가치의 평가와 정책의 의미를 도출할 수 있다.

동적인 실체이다.

경관 생태는 공간구조와 생태 과정이 상호작용하면서 끊임없이 변화한다. 과거의 경관 기능이 현재의 구조를 만들고 현재의 구조가 미래의 경관 기능을 만들어가는 끊임없는 순환과정이다. 또한 이러한 과정은 자연생태 과정과 인간 행태와의 계속된 상호작용도 포함한다. 지구상 인류의 역사적인 과정에서 초기의 자연경관은 매우 다양하게 지리, 기후, 생태 등의 과정에서 다양성을 띠었다. 이후 인간의 활동들이 자연경관에 발자취를 남기게 되어 점진적으로 문화경관으로 발전하는 특성을 갖게 되었다. 즉, 지구상에 인구 증가에 따른 수요증가와 기술발전에 부합하기 위한 인간의 일련의 활동과 자연생태 과정의 상호작용 결과 다양한 문화경관을 낳게 되었다. 따라서 각 지역과 장소는 나름대로 독특한 역사와 다양한 경관의 역사를 갖게 된다.

경관 생태계에서 획기적인 경관의 변화는 산업혁명과 도시화에 의한 것이다. 산업혁명과 도시화의 핵심적인 요소인 교통통신의 발달은 도시발전과 확산 그리고 시장의 외연 확대를 이끌어 가면서 공간구조를 획기적으로 변화시켰다. 특정 도시지역에 인구 집중화는 밀도를 높이고 이에 따른 다양한 도시 인프라 구축과 토지이용의 다양화, 도시 내 네트워크 구축 등의 모습으로 나타났다. 이러한 경제적인 변화 요소는 급변하는 산업구조를 통해 지속되고 있는 가운데 최근의 기후변화에 따른 자연의 요소들이 매우 중요한 요소로 주목받고 있다.

2) 경관 재화의 특성

총체적 실체로서 경관은 일반적으로 사용과 소유에서 경합성과 배제성이 없는 공공재이다. 아무도 경관을 소유할 수도 없다. 그러나 경관을 구성하는 요소는 공적이거나 공동의 그리고 개인적으로 소유할 수 있다. 따라서 공유재와 사적재화의 특성을 모두 갖는 복합적인 재화의 특성이 있다. 총체적인 실체로서 경관은 그 소유가 공공이기에 정부가 사회공동체를 위한 최선의 경관디자인을 추구하게 된다. 사적 이익보다 공공의 이익을 위한 경관계획 및 관리의 정부 개입의 정당성을 갖게 되는 근거가 된다.

그러나 공동 또는 개인적으로 경관 요소를 소유하게 되면 정부의 개입은 한계를 맞게 된다. 개인이 소유하게 되면 사용에 있어 경합성과 배제성을 띠면서 사적 이익의 극대화를 위한 효율성의 추구에 활용된다. 사적재화로서 경관 요소는 공공재인 총체적 경관 형성에 영향을 미친다. 개별 경제주체의 다양한 토지이용과 공간구조의 형성은 전체로서 경관을 형성하여 경제적 가치가 부가된다. 이는 개별 경제행위가 사회 전체에 미치는 외부효과의 특성을 띠게 된다.

외부효과 특성을 가진 사적재화로서의 경관 요소들은 시장에서 가치를 지불할 용의가 없어 거래가 형성되지 않는다. 외부효과는 개별경제 주체자들에게 편익과 비용에 대해 대가를 부여할 수 없기 때문이다. 이러한 특성으로 바람직한 외부효과를 지닌 경관 요소는 시장에서 공급이 최적으로 이루어지지 못하여 사회적 최적의 수준으로 경관을 형성하지 못하게 된다. 반대로 비경제적인 외부효과를 지닌 경관 요소는 시장에 과잉 공급되는 문제도 동시에 나타난다. 이에 사적재화인 경관 요소에 대해서도 정부 개입의 정당성을 갖게 된다.

경관은 사용에 있어서 배제성은 없으나 때에 따라서 경합성을 띠는 특성도 있다. 아름답고 편안한 도시공원은 누구나 즐길 수 있지만 한꺼번에 모두 공원으로 오게 되면 본질적인 공원의 기능을 상실하게 된다. 이를 경제학에서는 '공유제의 비극'이라고 정의하면서 정부 시장개입의 정당성으로 설명한다. 즉 최적의 규모와 이용 한도를 설정하거나 적정요금을 부과하여 최적의 경관 효율성을 추구하도록 한다.

3. 조건부평가법(Holistic Approach : Contingent Valuation Method(CVM))

1) 기본개념 및 관련이론

경관 등과 같은 공공재에 대한 경제적 가치를 설문 조사를 통해서 알아낼 수 있다는 사실을 알게 된 것은 그 역사가 오래되지 않았다. 1970년대 중반에 들어와서 활발하게 본격적으로 연구가 시작되었고 학술적으로 그 구체적인 기법들이 발전되었다. 대표적인 기법인 조건부 평가법은 시장 가격이 잘 정의되지 않았거나 전통적인 시장에서 사고팔지 않는 재화 및 용역의 경제적 가치를 추정하는 것이다. 각 개인이 경관과 같은 공공재의 이용과 관련된 의사 결정을 해야 할 조건을 가상적으로 설정한 후, 이 조건에서 각 개인이 어떤 선택을 할 것인가를 설문지를 통해서 조사하여 그 가치를 평가하는 기법이다.

이 기법을 통해서 비시장 재화나 서비스에 대한 접근권을 얻거나 잃은 것에 대한 보상으로 개인에게 얼마를 지불할 의사가 있는지(Willingness To Pay : WTP) 또는 수락할 의사가 있는지(Willingness To Accept : WTA) 직접 물어봄으로써 그 가치를 평가할 수 있다. 특정 공공재에 대해 직접 소비하지 않는 개인에게도 그 재화에 대해 가치를 평가할 수 있어서 사용 가치뿐만 아니라 존재 가치도 평가할 수 있는 기법이다. 예를 들어서 인천 송도의 센트럴파크의 가치를 평가할 때 직접 방문하여 이용하는 사람은 우리 시민 중의 일부이며 많은 사람은 이용하지 않으면서도 도심공원의 중요성을 인정하고 그 존재 가치에 대해 어느 정도의 금액을 지불할 의사가 있는지를 설문 조사를 통해 구할 수 있다.

이 기법의 핵심 구성요소는 가상 시나리오, 지불의사 금액 또는 수락 의사 금액, 응답자의 특성이다. 공공재는 비시장 재화로서 실제 시장 가격이 존재하지 않기 때문에 가상 시나리오를 사용하여 개인의 가치를 도출해야 한다. 응답자에게는 재화나 서비스 및 가용성의 잠재적 변화를 설명하는 특정 상황이나 시나리오를 기본적으로 제공해야 한다. 비시장 재화의 잠재적 이익 또는 개선과 관련된 시나리오의 경우 응답자는 이를 획득하거나 보존하기 위해 얼마를 지불할 의사가 있는지 질문한다. 이는 명시된 혜택을 받기 위해 기꺼이 포기할 수 있는 최대 금액을 의미한다. 비시장 재화의 잠재적 손실 또는 저하와 관련된 시나리오의 경우 응답자는 손실을 수용하는 데 필요한 보상이 얼마인지 묻는다. 이는 명시된 혜택을 포기하기 위해 보상해야 하는 최소 금액을 의미한다. 설문지에서 개인적 특성이 지불의사에 어떤 영향을 미치는지를 파악하기 위해서 나이, 소득, 성별, 이용 빈도 등에 대한 기본사항을 질문해야 한다.

조건부평가법의 핵심은 설문 조사이기 때문에 설문지의 작성에 따라 민감하게 영향을 받는다. 설문지에 포함해야 하는 기본적 필수 구성요소는 공공재에 대한 설명과 응답자가 처한 가상스러운 조건 상황에 대한 설명, 응답자의 공공재에 대한 지불의사를 유도하는 질문, 응답자의 사회경제적 특성과 평가 대상 공공재에 관한 선호, 공공재의 이용 여부 등에 관한 질문이다. 자세한 설문지의 내용은 아래의 예시를 참고할 수 있다.

표 3-2. CVM설문지의 예

〈도입부〉

안녕하십니까?

저는 ○○대학교의 △△△입니다. 저희 연구팀은 전국의 하천 수질을 개선하는 정부정책이 경제적으로 얼마나 가치 있는 사업인가를 분석하고자 합니다. 연구를 위해 제가 드리는 질문에 대한 귀하의 응답은 환경부가 수질개선사업을 시행하는 데 있어 유용한 자료로 사용될 것입니다. 제가 여쭈어보는 질문들에 대한 대답은 귀하의 견해나 입장에 따라 달라질 수 있으며, 이 질문들에 대한 정답이 있는 것은 아닙니다. 또한 귀하의 응답내용은 연구 외의 목적을 위해 사용되지 않을 것이며, 귀하의 개인 견해가 성함과 함께 외부에 유출되는 일도 없을 것이라는 사실을 알려드립니다.

〈환경재에 대한 설명〉

다음의 질문에 대해 대답해주시기 바랍니다. 아래에서 "수질"이라 함은 전국의 강이나 호수의 수질을 의미하며, 바닷물이나, 지하수, 수돗물 등의 수질을 의미하지는 않습니다.

수질을 분류하는 기준에는 몇 가지가 있습니다. 본 조사는 수질을 5등급으로 나누겠습니다. 1등급 하천수는 최상의 수질을 보이며, 간단한 여과 후 식수로 사용해도 적합한 정도입니다. 2등급 하천은 식수로는 사용할 수 없으나, 수영, 낚시, 뱃놀이 등은 할 수 있는 하천입니다. 3등급 하천에서는 수영은 할 수 없으나, 낚시와 뱃놀이는 할 수 있습니다. 4등급 하천은 오염이 심하여, 낚시도 불가능하고 뱃놀이 정도만 할 수가 있습니다. 마지막으로 5등급 하천은 매우 심하게 오염되어, 위의 어떤 용도로도 이용될 수 없는 하천입니다.

전국의 강과 호수는 위의 5가지 등급 가운데 어느 한 가지 등급에 속하는데, 한강이나 낙동강과 같은 주요 하천의 경우에는 지역별, 계절별로 차이는 있으나 대개 2등급에서 4등급까지의 수질을 보여주고 있습니다.

정부는 수질개선사업을 통해 위와 같이 오염된 전국의 강과 호수가 10년 이내에 모두 1등급 내지 2등급의 수질을 보유하도록 하고, 모든 하천이 최소한 수영을 할 수 있을 정도의 수질을 유지하도록 하고자 합니다. 정부가 위와 같은 수질개선사업을 시행하기 위해서는 오염물질 배출업소를 이전하거나, 규제를 강화하고, 하수처리시설을 설치하거나 하상정비사업 등을 시행해야 합니다. 이 모든 사업에는 비용이 소요됩니다. 정부는 이 사업비용을 한시적인 특별세를 징수하여 마련하고자 합니다.

〈응답자의 환경재에 대한 지불의사 도출〉
· 질문(A형)
 위와 같은 수질개선사업을 위해 귀하는 향후 10년간 매년 얼마씩을 세금으로 납부하실 의향이 있습니까? (   )원
· 질문(B형)
 위와 같은 수질개선사업을 위해 귀하는 향후 10년간 매년 x원을 세금으로 납부하실 의향이 있습니까? (예) (아니오)

〈응답자의 특징〉
· 귀하의 가구당 월평균 소득은 어느 정도입니까?
· 귀하의 가구원 가운데 18세 미만인 분은 몇 분입니까?
· 지난 1년간 귀하의 식구들이 수영, 낚시, 수상스키, 뱃놀이, 야영 등을 위해 강이나 호수를 찾은 적이 있습니까?

자료: 권오상(2020)

조건부평가법은 기본적으로 복지경제학과 공공경제학 이론에 기반을 두고 있다. 그것의 이론적 기초는 개인이 비시장 재화 및 서비스와 관련된 선택을 하는 방법을 이해하는 데 근본적인 개인 선호 및 효용 극대화의 개념이다. 각 이론에 대한 상세한 핵심적 내용은 다음과 같다.

○ 복지경제학 : 복지경제학은 자원 배분과 개인과 사회의 전반적인 복지에 초점을 맞추는 경제학의 한 분야이다. 개인의 복지 또는 효용의 합인 사회 복지를 측정하고 최대화하기 위한 다양한 이론과 방법을 규명하는 응용이론을 제공한다. 조건부평가법의 맥락에서 이 방법은 비시장 재화나 서비스에 부착된 개별 가치를 추정하여 관련 사회 복지를 평가하는 데 활용된다.

○ 효용극대화이론 : 효용극대화이론에 따르면 개인은 주어진 예산 제약과 선호도에 따라 자기 행복이나 만족(효용)을 최대화하는 선택을 한다고 전제하면서 최적의 선택 방법에 대한 이론과 기법을 제공한다. 조건부평가법은 이 효용극대화이론을 전제하면서 활용하여 비시장 재화 또는 서비스의 변경에 대한 보상을 지불용의(WTP) 또는 수락용의(WTA)에 대해 개인에게 질문함으로써 답을 구한다. 이러한 응답은 해당 재화 또는 서비스에 대한 다양한 개인의 주관적인 평가가 반영된다.

○ 헤도닉가격이론 : 헤도닉가격이론은 조건부평가법과 함께 자주 사용되는 관련 경제 이론이다. 이 이론은 특정 재화가 시장에서 거래될 때 눈에 보이는 명시적 요인 이외에 비시장적인 잠재적 요인이 가격결정에 참여한다는 전제를 두고 정립된 이론이다. 시장 데이터를 분석하여 재화나 서비스의 특정 속성에 대한 암묵적 가격을 추정하려고 시도할 때 기반하는 이론이다. 조건부평가법을 적용할 때 연구자는 비시장 재화의 특정 속성이 개인의 가치와 선호도에 어떤 영향을 미치는지 이해하는 데 도움이 되는 헤도닉가격모형을 사용하게 된다.

○ 우발적 평가이론 : 조건부평가법에서 우발적이라는 개념은 방법의 가상스러운 특성을 나타낸다. 비시장 재화는 실제 시장에서 교환되지 않기 때문에 연구자는 응답자의 선호도와 가치를 도출하기 위해

설문 조사에서 가상 시나리오를 만든다. 응답자는 이러한 시나리오에 대한 응답으로 WTP 또는 WTA에 대한 조건부 질문을 받고 우발적으로 응답하게 된다.

ㅇ 소비자 잉여이론 : 소비자 잉여는 개인이 재화에 대해 지불할 용의가 있는 최대 가격과 실제 지불하는 가격의 차이이다. 조건부평가법의 맥락에서 개별 WTP는 최대 가격을 나타내며 설문 조사에서 파생된 WTP 추정치는 비시장 재화 또는 서비스와 관련된 소비자 잉여를 계산하는 데 사용할 수 있다.

2) 기본 모형 및 일반적 절차

조건부 평가 방법에 대한 샘플 모형은 다음과 같다. 새로운 경관 개선 프로그램을 위해 개인의 WTP를 추정하려는 예를 고려한 모형을 다음과 같이 나타낼 수 있다.

$$WTP = \beta_0 + \beta_1 * X_1 + \beta_2 * X_2 + .. + \beta_k * X_k + \varepsilon$$

여기서 WTP는 경관 개선 프로그램에 대한 지불 의사를 명시한 것이다. β_0은 모든 속성이 0 또는 참조 수준으로 설정될 때 개인이 지불하고자 하는 기준 또는 최솟값을 나타내는 절편 항이다. $\beta_1 \sim \beta_k$는 모형의 k 속성($X_1 \sim X_k$)과 관련된 계수이다. X_1에서 X_k는 고려 중인 경관 프로그램 또는 변경의 속성이다. 이러한 속성은 연속 또는 범주형 변수일 수 있다. 예를 들어, X_1은 경관 개선 수준, X_2는 프로그램 기간, X_3는 인지된 효율성 등일 수 있다. ε는 모형에 포함된 속성에 의해 설명되지 않는 명시된 WTP의 임의 변동을 나타내는 오류 항이다.

모형을 추정하려면 일반적으로 WTP 데이터의 특성(연속 또는 이진)에 따라 다중 선형 회귀 또는 로지스틱 회귀와 같은 회귀 분석을 사용한다. 회귀 분석은 관측된 WTP 데이터에 가장 적합한 계수(β_0, β_1, .., β_k) 값을 찾는 것을 목표로 한다. 추정 계수를 해석하면 각 속성이 경관 프로그램에 대해 개인이 명시한 WTP에 어떻게 영향을 미치는지에 대한 통찰력을 얻을 수 있다. 계수가 양수이면 속성 수준이 증가하면 WTP가 높아지지만 음의 계수는 속성 수준이 증가하면 WTP가 감소함을 나타낸다.

조건부평가법은 비시장 재화 또는 서비스의 경제적 가치를 다단계 프로세스를 통행 추정한다. 이 과정에서 가장 중요한 절차는 비시장 재화에 대한 접근권을 얻거나 잃는 것에 대한 개인의 선호도와 지불 의사 또는 보상 수락 의사를 끌어내기 위한 설문 조사를 수행하는 것이다. 그 외 전체 절차에 대한 구체적인 단계별 프로세스는 다음과 같다.

가) 연구 정의 : 첫 번째 단계는 연구의 목적과 범위를 정의하는 것이다. 평가할 비시장 재화 또는 서비스를 식별하고 설문 조사에서 응답자에게 제시될 특정 속성 또는 변경 사항을 명확히 한다. 연구 대상의 범위와 내용을 결정하는 것이다.

나) 설문 조사 설계 : 비시장 재화 또는 서비스에 대한 모든 관련 정보와 가용성의 잠재적 변화를 포함하는 구조화된 설문지를 개발한다. 설문 조사는 편향과 평가 오류 가능성을 피하기 위해 신중하게 설계되어야 한다.

다) 파일럿 테스트 : 본 설문 조사를 수행하기 전에 모호성, 이해

문제 또는 기타 문제를 식별하기 위해 소규모 응답자 표본으로
설문지를 시범 테스트한다. 이렇게 하면 설문 조사 디자인을 개
선하고 질문을 명확하고 이해할 수 있게 만들 수 있다.

라) 표본추출 : 본 설문 조사의 응답자를 선택하기 위한 적절한 샘플
링 방법을 결정한다. 대상 모집단의 대표 표본을 얻기 위해 무작
위 표본 추출이 선호되는 경우가 많다. 표본 크기는 통계적으로
유의미한 결과를 얻기에 적합해야 한다.

마) 자료수집 : 선택한 응답자에 대한 설문 조사를 시행한다. 설문 조사
는 대면 인터뷰, 전화 인터뷰, 온라인 설문 조사, 우편 설문 조사
등 다양한 방법으로 실시할 수 있다. 자료수집 프로세스가 윤리적
지침을 따르고 응답자의 정보가 기밀로 유지되는지 확인한다.

바) 조건부 가치 평가 질문 : 설문 조사의 핵심은 응답자에게 비시장
재화 또는 서비스와 관련된 가상 시나리오를 제시하는 것이다.
예를 들어, 그들은 지역 공원을 보존하기 위해 연간 얼마를 지불
할 의사가 있는지 또는 자연 야생 서식지의 손실을 수용하는 데
필요한 보상액을 물을 수 있다.

사) 결제 수단 : 일부 조건부평가법 연구에서 응답자들은 세금, 자발
적 기부 또는 공과금 인상과 같은 특정 결제 수단을 써 얼마를
지불할 의향이 있는지 묻는다. 지불 수단의 선택은 응답자의 평
가 반응에 영향을 미칠 수 있다.

아) 항의 응답 : 일부 응답자는 설문 조사에 대한 불만 또는 비시장
재화에 금전적 가치를 부여하지 않으려는 의사를 표시하기 위해
매우 높거나 낮은 값을 명시하는 항의 응답을 표현할 수 있다.
연구자는 이러한 반응을 신중하게 식별하고 처리해야 한다.

자) 데이터 분석 : 자료수집 후 설문 조사 응답을 분석하여 비시장 재화에 대한 평균 WTP 또는 WTA를 추정한다. 회귀 분석과 같은 통계적 방법은 종종 평가에 영향을 미치는 요인을 식별하고 데이터의 편향을 제어하는 데 사용된다.

차) 해석 및 정책 시사점 : 결과를 해석하고 정책 시사점을 논의한다. 예상 WTP 또는 WTA 값은 자원 할당, 보존, 환경 관리 및 공공 투자와 관련된 의사 결정 프로세스에 정책적 정보를 제공할 수 있다.

3) 평가 및 분석사례

조건부평가법은 경관 등과 같은 비시장적 무형의 가치나 서비스를 평가하는 데 광범위하게 사용될 수 있는 다음과 같은 여러 가지 장점이 있지만, 그에 못지않은 연구분석에 유의하여야 할 단점도 있다 (Venkatachalam, 2004). 우선 장점부터 살펴보면 누누이 언급한 바와 같이 비시장 재화를 총체적으로 정책 관련하여 정량적으로 추정할 수 있는 것으로 요약할 수 있다. 이를 구체적으로 설명하면 다음과 같다.

조건부평가법을 통해 깨끗한 공기, 야생 동물 서식지 보존 또는 문화유산, 도시의 다양한 경관과 같이 시장 가격이 확정되지 않은 재화 및 서비스에 금전적 가치를 부여할 수 있는 기법의 특성상 비시장 재화의 가치에 대한 정량적 추정치를 생성하는 가장 기본적인 장점이 있다. 조건부평가법은 비시장 재화의 총 경제적 이익을 평가하기 위해 총체적 접근 방식으로 진행한다. 다른 평가 방법으로는 포착할 수 없는 직간접적 혜택을 포함하여 비시장 재화와 관련된 모든 범위의 혜택을 포함한다. 즉, 존재 가치(사람들이 자원이 존재한다는 것을 아는 것에 부여하는 가치)와 이타적 가치(다른 사람들이 자원으로부터 이익을 얻을 수 있다는 것을 아는 데서 파생되는 가치)를 포함하여 사용 가치와 비사용 가치를 모두 포함하여 평가한다.

이 기법은 정책 및 의사 결정에 유용한 정보를 제공한다. 정책 입안자는 추정값을 사용하여 다양한 프로젝트 또는 정책의 비용과 이점을 평가하고 자원 할당의 우선순위를 정하고 정보에 입각한 선택을 할 수 있다. 이 기법을 통해 분석가는 개인의 선호도를 이해하고 비용 대비 비시장 재화의 이점을 평가하는 방법을 이해할 수 있다. 또한 이 정보는 대중의 취향에 맞는 정책을 설계하는 데 유용할 수 있다. 이 기법의 활용과정에서 분석가는 특정 정책 질문이나 환경 변화에 맞는 가상 시나리오를 설계할 수 있다. 이러한 유연성을 통해 광범위한 시나리오 및 속성을 검사할 수 있다.

이 기법은 장점 못지않게 분석 과정에서 오류를 범할 가능성 등의 단점과 타당성에 대해서도 논란이 제기되기도 한다(Venkatachalam, 2004). 우선 이 기법은 가상적으로 설정된 어떤 상황을 전제로 하는 특성에서 오는 오류가 있을 수 있다. 설문 조사의 응답자는 가상 시나리오에 대한 지불 의향 또는 보상 의향을 표현하도록 요청받는다. 이러한 가상스러운 특성은 응답자가 자신의 실제 행동과 선호도를 정확하게 반영하지 못하는 가상스러운 편향으로 이어질 수 있다. 이와 더불어 응답자에게 제안된 초깃값을 포함하여 설문 조사 질문의 구성 방식은 응답자의 평가에 영향을 미칠 수 있다. 따라서 응답자의 지불의사는 제시된 시작점의 영향을 받아 편향된 결과를 초래할 수 있다. 또한 일부 응답자는 특정 재화나 서비스에 금전적 가치를 부여한다는 개념

에 동의하지 않기 때문에 의도적으로 가치를 과대평가하거나 과소평가
하는 항의 응답을 제공할 수 있다. 그 외 응답자는 응답이 어떻게 사용
될 것인지 또는 응답의 잠재적 영향에 대한 인식을 기반으로 보고된
평가를 전략적으로 조정할 수 있다.

　가설 편의에 따른 오류의 단점과 함께 제기되는 이 기법의 근본적인
타당성에 관한 논란은 다음과 같다. 먼저 평가는 평가 대상 프로젝트
또는 정책의 범위에 따라 달라질 수 있다. 평가 대상이 되는 비시장재
나 서비스의 수량이나 단위의 차이를 응답자가 제대로 인식하지 못하
여 평가를 정확히 할 수 없는 문제이다. 비시장 재화의 이용 가능성에
대한 다양한 수준의 혜택 또는 변화는 다양한 가치 평가로 이어질 수
있는데 이 차이를 정확히 반영 못 하는 범위 효과 문제가 존재한다.

　분석 과정에서 설문 조사는 응답자에게 복잡하고 인지적으로 요구될
수 있으므로 잠재적으로 시나리오를 이해하고 일관된 평가를 하는 데
어려움을 겪을 수 있다. 더불어 질문순서에 따라서 서로 다른 응답
결과를 나타낼 수 있는 순서효과도 제기된다. 분석 및 연구의 결과는
응답자의 특성에 의해 영향을 받을 수 있으며, 이는 잠재적인 편견으로
이어지고 결과의 일반화 가능성을 제한하는 단점이다. 응답자는 평가
중인 비시장 재화에 대한 완전한 거나 정확한 정보를 가지고 있지 않을
수 있으며, 이는 응답의 타당성에 영향을 미칠 수 있다. 일부 응답자는
찬성(모든 진술에 동의) 또는 반대(모든 진술에 동의하지 않음)로 인해 자신
의 평가를 지속해서 과장하거나 축소하는 경향을 보일 수 있다. 응답자
는 특히 민감하거나 논쟁의 여지가 있는 주제에 대해 자신의 진정한
선호도보다 사회적으로 바람직한 응답을 제공할 수 있다.

　한상현(2013)은 경주유적지 역사 경관의 경제적 가치를 조건부평가

법을 이용하여 추정하였다. 연구대상지는 경주시 내에 있는 동부사적
지대로서 첨성대를 비롯한 왕궁터, 계림, 수십 기에 달하는 왕릉들로
구성되어 방문객들이 대표적으로 접할 수 있는 역사 경관이다. 본 조사
를 위해 사전에 개방형 질문 방법으로 방문자들의 평균 지불의사 금액
을 구해 본 조사에서 사용될 제시금액의 기준을 설정하였다. 본조사는
5일간 동부사적지대를 방문한 성인 남녀를 대상으로 편의 추출 방법에
따라 표본을 추출하였고 442명을 실시하였다. 지불의사를 명확히 응
답한 270부를 조건부평가방법의 모형추정에 활용하였다.

　모형추정에 사용된 변수들에 대한 설명은 표 3-3과 같다. 가장 중요
한 지불의사 금액은 500원에서 시작하여 3,000원까지 6개로 설정하였
다. 응답자의 관심 정도를 파악하기 위해서 연간방문 횟수, 과거 방문
경험, 문화유산 관심, 대상지 사전지식 등의 변수를 설정했고, 방문
형태로 숙박 여부와 1인당 경비를 포함했다. 방문 후 의견으로 전반적
인 만족도와 재방문 의사를 설정했다.

표 3-3. 변수정의

변수요약	변수명	변수정의
지불의사	PAY_O	종속변수, 제시금액에 대한 지불의사, 있음=1; 없음=0
제시금액	BID_P	제시금액 500원, 1000원, 1500원, 2000원, 2500원, 3000원
연간방문횟수	VIS_N	지난 10년 동안의 연간 평균 방문횟수
과거방문경험	VIS_E	과거방문경험, 있음=1; 없음=0
거주지거리	DIS_R	대상지까지 소요시간, 1에서 7까지의 순위척도 (1=30분미만; 2=1시간미만, 3=2시간 미만, …, 7=6시간 이상)
대도시거주[1]	RES_M	광역시 이상 대도시 거주여부, 거주=1; 비거주=0
숙박여부	STY_A	숙박여부, 1박 이상 숙박=1; 당일방문=0

문화유산관심	CUL_C	평소 문화유산에 대한 관심정도 5점 리커드척도 (1=전혀 없음 … 5=매우 많음)
사전지식	KNW_B	대상지역의 자원에 대한 사전지식 정도 5점 리커드척도 (1=전혀 없음 … 5=매우 많음)
전반적만족	SATIS	대상지 방문 후 전반적인 만족정도 5점 리커드척도 (1=매우 불만족 … 5=매우 만족)
재방문의사	REV_O	대상지에 대한 미래 재방문 의사 5점 리커드척도 (1=전혀 없음 … 5=매우 많음)
일인당경비[2]	COS_P	방문자 소속 방문그룹의 1인당 지출비용, 비율척도
성별	GEN	남성=1; 여성=0
나이[3]	AGE	응답자 연령, 비율척도
결혼유무	MARR	기혼=1, 미혼=0
자녀유무	CHIL	자녀 있음=1; 없음=0
직업유무	JOB	응답자의 전일제 직업 소유여부, 있음=1; 없음=0
일인당가계소득[4]	INC	가구구성원 중 1인당 소득, 비율척도
학력	STU	정규 학교수업을 이수한 연수, 비율척도

주) 1) 응답자의 행정구역상 거주지 주소가 광역시 이상일 경우 2) 응답자가 소속된 방문자 집단의 총경비를 질문하여 나온 수치를 동행인 수로 나누어 구함 3) 응답자의 출생연도를 질문해 나이로 환산함 4)응답자 가구의 월 소득 합산액을 질문하여 응답한 수치를 가계구성원 수로 나누어 구함

자료: 한상현(2013)

최우추정법을 사용한 로짓 모형 추정 결과는 표 3-4와 같다. 통계적으로 유의한 변수는 제시금액(-), 문화유산관심(+), 사전지식(+), 전반적만족도(+), 재방문의사(+), 나이(-), 결혼유무(-), 자녀유무(+), 직업유무(+), 일인당가계소득(+), 학력(+) 등의 변수들이다. 동부사적지대 방문자들이 문화유산에 관한 관심과 사전지식, 만족도, 재방문의사가 높을수록, 그리고 자녀와 직업이 있을수록, 일인당가계소득과 학력이 높을수록 지불의사가 커진다는 것을 보여주고 있다.

표 3-4. 모형추정결과

구분	계수	표준오차	Wald	t
BID_P	-0.0003113	0.000617	25.449271**	-5.044720**
VIS_N	1.065288	1.048583	1.032231	1.015931
VIS_E	-1.374745	0.769694	3.190876	-1.786094
DIS_R	-0.447322	0.244467	3.348775	-1.829784
STY_A	0.018186	0.865992	0.000213	0.021000
CUL_C	1.586880	0.489697	10.501231**	3.240537**
KNW_B	1.527765	0.440168	12.047768**	3.470865**
SATIS	3.387172	0.629667	28.937323**	5.379308**
REV_O	2.515015	0.589866	18.179231**	4.263704**
COS_P	-0.079853	0.062343	1.640021	-1.280867
GEN	-0.101802	0.582074	0.031232	-0.174895
AGE	-0.161130	0.066630	5.848345*	-2.418291*
MARR	-3.126158	1.288678	5.848345*	-2.425864*
CHIL	6.255279	1.729934	13.075324**	3.615906**
JOB	2.586028	0.793186	10.629365**	3.260307
INC	0.016134	0.005780	7.791238**	2.791332**
STU	0.409613	0.197265	4.312252*	2.076455*
RES_M	-0.890466	0.644627	1.908476	-1.381366
C	-23.10686	4.435865	27.135462**	-5.29099**
Loh-likelihood	-46.04362	McFadden R2	0.7928	
LR-statistic	352.3903**	Cox & Snell R2	0.5382	
H & L 검정	4.1765	Nagelkerke R2	0.8645	
Predicted correct	95.8%			

주) *, **는 각각 5%, 1% 유의수준에서의 유의함

자료: 한상현(2013)

모형추정 결과에 기초하여 하네만(Hanemann)(1984)가 제시한 계산 방법으로 세 가지 적분 구간을 이용한 방문객의 지불의사 금액을 계산한 결과는 표 3-5와 같다. 1회 방문당 지불의사 금액은 4,320원, 2,965원으로 추정되었고 평균값은 3,868원이다. 현재 입장료를 받고 있지 않은 상황에서 방문객 등을 대상으로 지불의사 금액을 추정한 것으로 실제 입장료 수입으로 계산할 수는 없지만, 역사문화경관의 가치가 연간 14억 원에서 21억 원으로 평가할 수 있는 것이다(한상현, 2013).

표 3-5. 지불의사금액 추정 결과

구분	M_WTP	M_WTP	T_WTP	평균값
1회 방문당 WTP	4,320원	4,320원	2,965원	3,868원
연간 총 WTP	2,090,016,000원	2,090,016,000원	1,434,467,000원	1,871,338,400원

주) 연간 총 WTP = 1회 방문당 WTP * 483,800명*

* 평균 연간방문객 수의 75.2%에 해당하는 수치(경주 동부사적지구의 연간방문객 수는 현재 조사되고 있지 않기 때문에 대상지구 내에서 입장료를 받고 있는 첨성대와 대능원 입장객 수의 3년 평균치를 사용하였음)

자료: 한상현(2013)

4. 선택실험법(Intermidiate Approach : Choice Experiments Method(CEM))

1) 기본개념 및 관련이론

선택실험법은 경제, 마케팅 및 사회 과학에서 일반적으로 사용되는 설문 조사 기반 연구 방법으로 사람들의 선호도와 재화 또는 서비스의 다양한 속성에 대한 지불 의향을 분석하는 기법이다. 선택적 실험은 직접적인 시장 관찰이 어렵거나 비용이 많이 드는 상황에서 소비자 선호도를 이해하고 행동을 예측하는 데 유용한 도구이다. 선택 실험의 기본 이론은 개인의 선호도를 이해하고 다양한 의사 결정 상황에서 행동을 예측하기 위한 유용한 기본 틀을 제공한다. 가상 시나리오에서 개인의 선택을 끌어냄으로써 선택 실험은 사람들이 기꺼이 하는 절충에 대한 귀중한 통찰력을 제공하여 기업, 정책 입안자나 전문가가 재화 개발, 가격 책정, 자원 할당 및 정책 설계에서 더 많은 정보에 입각한 결정을 내릴 수 있도록 돕는다.

선택 실험이 일반적으로 작동하는 방식은 다음과 같다. 연구자는 연구 중인 재화 또는 서비스를 특징짓는 주요 속성을 식별한다. 이러한 속성은 유형(예: 가격, 크기, 색상)이거나 무형(예: 브랜드 평판, 환경 영향)일 수 있다. 각 속성에 대해 서로 다른 레벨 또는 값이 정의된다. 예를 들어 속성이 "price"인 경우 레벨은 "$10", "$20" 및 "$30"일 수 있다. 속성이 "색상"인 경우 레벨은 "빨간색", "파란색" 및 "녹색"일 수 있다. 연구자는 속성 수준의 대체 조합 집합인 선택 집합을 만든다. 각 선택 세트에는 일반적으로 두 개 이상의 대안이 포함된다. 응답자에게 이러한 선택 세트가 제시되고 가장 선호하거나 구매 가능성이 가장 큰 대안을 선택하라는 요청을 받는다.

설문 조사 참가자는 선택 세트에서 제시된 대안 중에서 일련의 선택을 한다. 그들이 내리는 선택은 서로 다른 속성 간의 선호도와 장단점을 드러내는 데 도움이 된다. 선택 실험에서 수집된 데이터는 다항 로짓 또는 혼합 로짓 모형과 같은 통계 모형을 사용하여 분석된다. 이 모형은 속성과 해당 수준이 응답자의 선택에 어떤 영향을 미치는지 추정한다. 분석 결과는 특정 속성에 대한 지불 의향뿐만 아니라 다양한 속성과 해당 수준의 상대적 중요성에 대한 통찰력을 제공한다. 이 정보는 재품 개발, 가격 책정 전략, 정책 결정 및 시장 세분화에 유용할 수 있다.

이 기법의 핵심 구성요소는 효용함수, 선택모형, 임의성과 오류, 절충 및 지불의사 등이다. 이 기법은 각 개인은 다양한 속성 수준의 조합에 대한 만족도 또는 선호도를 할당하는 효용함수를 가지고 있다고 전제한다. 선택 실험의 맥락에서 이 효용함수는 선택 집합에 제시된 속성과 수준에 따라 달라진다. 이 효용함수에 기초하여 연구자는 선택모형을 사용하여 개인이 결정을 내리는 방법을 추정한다. 일반적으로 선택 실험에 사용되는 가장 일반적인 선택모형은 다항 로짓 모형과 혼합 로짓 모형이다. 이러한 모형은 속성과 해당 수준에 따라 선택 집합에서 특정 대안을 선택하는 개인의 확률을 추정하는 것이다.

이 효용함수에 기초하여 선택모형을 통해 선택 확률을 추정하는 과정에서 효용이 항상 완벽하게 예측 가능한 것은 아니며 개인의 선택에 영향을 미치는 관찰되지 않은 요인이나 무작위 오류가 있을 수 있음을 전제한다. 선택모형은 이러한 임의성을 설명하고 개인이 기대 효용을 최대화하는 대안을 선택한다고 가정한다. 또한 선택 실험을 통해 연구자는 개인이 서로 다른 속성 간에 기꺼이 절충할 의사가 있는지 측정할 수 있다. 선택 사항을 분석함으로써 연구자는 다양한 속성의 상대적 중요성을 추론하고 속성 수준의 개선에 대해 기꺼이 지불할 의사가 있는지 추정할 수 있다.

선택 실험 설계는 개인의 선호도를 효율적이고 편견 없이 추정할 수 있도록 신중하게 구성되어야 한다. 연구자는 부분 요인 설계와 같은 통계 기법을 사용하여 응답자의 부담을 최소화하면서 응답자에게 일련의 선택 시나리오를 제시해야 한다. 이 기법의 잠재적 한계 중 하나는 가설 편향인데, 응답자의 진술된 선호도는 실제 시장 상황에서 실제 행동과 항상 일치하지 않을 수 있다는 것이다. 따라서 연구자들은 신중한 조사 설계 및 검증 기술을 통해 이러한 편향을 완화하여야 한다.

선택실험법의 이론적 배경은 다양한 여러 중요한 경제적, 심리적 개념에 깊이 뿌리박고 있다. 선택 실험의 사용을 뒷받침하는 주요 이론적 토대는 다음과 같다.

○ 효용이론 : 선택 실험은 미시경제학의 기본 개념인 효용이론을 기반으로 한다. 효용이론은 개인이 사용 가능한 각 옵션에서 도출할 것으로 기대하는 효용(만족도)에 따라 선택한다고 가정한다. 효용은 관찰된 속성(예: 가격, 품질, 수량)과 관찰되지 않은 요소로 구성되며, 관찰되지 않는 요소는 종종 오류항 또는 무작위 효용이라고 한다.

○ 소비자 선택 이론 : 소비자 선택 이론의 맥락에서 선택 실험은 다양한 대안에 직면했을 때 개인이 결정을 내리는 방법을 규명하고 설명한다. 이 이론은 소비자가 예산제약에 따라 효용을 극대화하는 것을 목표로 하고 그들이 감당할 수 있는 가장 선호하는 옵션을 찾는다고 가정한다. 선택 실험은 개인에게 일련의 대안을 제시함으로써 이러한 의사 결정 프로세스를 파악하여 개인이 선호도에 따라 선택할 수 있도록 하는 것이다.

○ 이산 선택 모형 : 선택 실험은 이산 선택 모형을 활용하여 수집된 데이터를 분석하고 해석한다. 다항 로짓 및 혼합 로짓 모형과 같은 이러한 모형은 속성 및 해당 수준에 따라 선택 집합에서 특정 대안을

선택하는 개인의 확률을 추정한다. 근본적인 가정은 제시된 속성이 주어지면 개인이 가장 기대되는 효용을 산출하는 대안을 선택한다는 것이다.

ㅇ 헤도닉가격이론 : 재화나 서비스와 관련된 가격 속성이나 편의시설의 맥락에서 헤도닉가격이론은 중요한 역할을 한다. 이 이론은 재화나 서비스의 가격이 개별 속성에 대한 가격의 합으로 분해될 수 있음을 시사한다. 선택 실험을 통해 연구자는 소비자의 선호도와 특정 속성에 대한 지불 의사를 끌어내 전반적인 효용에 대한 상대적 중요성과 기여도를 추정하는 데 도움을 준다.

2) 기본 모형 및 일반적 절차

선택실험법에서 사용되는 일반적인 모형은 다항 로짓 모형이다. 다항 로짓 모형은 선택 집합에 제시된 속성 및 해당 수준을 기반으로 대안 집합에서 특정 대안을 선택할 확률을 추정하는 이산 선택 모형이다. 샘플 다항 로짓 모형은 다음과 같다. 각각 J개의 대안을 포함하는 N개의 선택 세트로 선택 실험이 있다고 가정한다. 개인 i가 선택 집합 n에서 대안 j를 선택함으로써 얻는 효용(U_{ij})은 다음과 같이 나타낼 수 있다.

$$U_{ij} = \beta_0 + \beta_1 * X_{1ij} + \beta_2 * X_{2ij} + .. + \beta_k * X_{kij} + \varepsilon_{ij}$$

여기서 U_{ij}는 개별 i에 대한 선택 집합 n에서 대안 j의 효용이다. β_0은 기본 유틸리티 또는 "위에 해당하지 않는" 대안의 유틸리티를 나타내는 절편이다. $\beta_1 \sim \beta_k$는 선택 실험에 포함된 k 속성($X_{1ij} \sim X_{kij}$)과 관련된 계수이다. X_{1ij}에서 X_{kij}는 선택 세트 n에서 대체 j의 속성 레벨이다. ε_{ij}는 개인의 선호도에 영향을 미치는 임의의 효용 성분 또는 관찰되지 않은 요인을 나타내는 오차항이다.

선택 집합 n(P_{ij})에서 개인 i가 대안 j를 선택할 확률은 다항 로짓 선택 확률 공식에 의해 제공된다. $P_{ij} = \exp(U_{ij}) / \Sigma[\exp(U_{ik})]$ 선택 집합의 모든 k에 대해 각 선택 세트의 모든 대안에 대한 선택 확률은 다항 로짓 모형을 사용하여 계산된다. 우도 함수는 관찰된 선택과 추정된 모형 매개변수(β_0, β_1, ..., β_k)를 기반으로 구성된다. 추정 프로세스에는 통계 소프트웨어를 사용하여 모형 매개변수에 대한 로그 우도 함수를 최대화하는 작업이 포함된다. 이는 응답자의 선택에 영향을 미치는 각 속성 수준의 상대적 중요성을 나타내는 계수(β_0, β_1, ..., β_k)에 대한 추정 값을 제공한다.

추정된 계수를 해석하면 연구자가 선택 확률에 대한 각 속성과 그 수준의 영향을 이해할 수 있다. 또한 특정 속성 수준에 대한 지불 의사(WTP)는 추정된 계수의 비율로 계산할 수 있다. 예를 들어, x_1 레벨의 속성 X_1에 대한 WTP는 X_1과 X_2가 모형에 포함된 두 속성이라고 가정할 때 $-\beta_1 / \beta_2$로 표현할 수 있다.

선택실험법은 설문 조사 기반의 가치평가연구 방법으로 사람들의 선호도와 재화 또는 서비스의 다양한 속성에 대한 지불의사를 여러 단계 과정을 통해 추정하는 것이다. 이 과정에서 가장 중요한 소비자의 선호도를 이해하고 행동을 예측한 것으로 연구의 설계가 정교해야 하며 그에 따라 단계별로 다음과 같은 구체적인 프로세스를 거쳐야 한다.

가) 연구 정의 : 선택 실험을 통해 연구 목표와 답하고자 하는 구체적
인 질문을 명확하게 정의한다. 조사 중인 재화 또는 서비스를
설명하는 속성 및 수준을 식별한다. 속성은 대안을 차별화하는
주요 기능 또는 특성이며 수준은 각 속성에 대한 다양한 값 또는
옵션을 나타낸다.

나) 실험적 설계 : 통계적 실험 설계 기술을 사용하여 설문 조사에
대한 선택 집합을 작성한다. 여기에는 선택 세트의 수, 각 세트
의 대안 수 및 각 선택 세트에 제시된 속성 수준의 조합을 결정하
는 것이 포함된다. 실험 설계가 효율적이고 균형이 잡히고 편향
이 없는지 확인한다. 이러한 목표를 달성하기 위해 직교 배열
및 부분 요인 설계와 같은 기술이 일반적으로 사용된다.

다) 측량 도구 개발 : 응답자에 대한 인구 통계 및 배경 정보를 수집하
기 위한 선택 세트, 속성 설명 및 추가 질문을 포함하는 설문
조사 도구를 개발한다. 설문 조사가 잘 구조화되고 이해하기 쉬
우며 응답자에게 인지적 부담이 가중되지 않는지 확인한다.

라) 자료수집 : 대상 모집단에 대한 선택 실험 설문 조사를 시행한다.
온라인 설문 조사, 대면 인터뷰, 우편 설문 조사 등 다양한 방법
을 통해 자료를 수집할 수 있다. 결과가 관심 모집단에 일반화될
수 있도록 대표 표본을 목표로 해야 한다.

마) 선택 데이터 분석 : 선택 실험 설문 조사에서 얻은 자료를 수집하
여 각 선택 세트에서 응답자가 선택한 항목을 기록한다. 선택
실험에서 수집된 데이터는 일반적으로 각 선택 세트에서 선택된
대안을 나타내는 이항 또는 다항식이다.

바) 분석모형설정 : 데이터를 분석하기 위해 적절한 이산 선택모형

을 선택한다. 가장 일반적인 모형은 다항 로짓 및 혼합 로짓 모형이다. 속성과 해당 수준이 응답자의 선택에 미치는 영향을 나타내는 효용함수를 지정한다. 여기에는 의사 결정 과정에서 속성의 중요성을 나타내기 위해 속성에 계수를 할당하는 작업이 포함된다.

사) 모형추정 : 설문 조사에서 수집된 통계 소프트웨어 및 선택 데이터를 사용하여 선택한 이산 선택모형의 매개변수를 추정한다. 추정 프로세스에는 모형이 관찰된 선택을 얼마나 잘 예측하는지 측정하는 우도 함수를 최대화하는 작업이 포함된다.

아) 해석 및 추론 : 추정된 모형 계수를 해석하여 선택에 영향을 미치는 다양한 속성과 해당 수준의 상대적 중요성을 이해한다. 통계 테스트를 수행하여 추정된 계수의 유의성을 평가하고 특정 속성 수준에 대한 선호도 및 지불 의향에 대해 추론한다.

자) 해석 및 정책 시사점 : 결과를 요약하고 명확하고 간결한 방식으로 주요 결과를 제시한다. 선택 실험에서 얻은 통찰력을 사용하여 의사 결정, 재품 개발, 가격 책정 전략 및 정책 설계에 정책적 정보를 제공한다.

3) 평가 및 분석사례

선택실험법은 각기 다른 수준의 정책 목표를 수행하는 데 수반되는 비용을 응답자에게 제시하고 이를 정책 목표와 비용의 조합 가운데 가장 선호하는 조합을 선택하게 하는 기법으로 다음과 같은 장점이 있다(권오상, 2020). 이 기법은 기본적으로 적응력이 뛰어나고 광범위한 재화, 서비스 및 정책 환경에 적용할 수 있는 유연성의 장점이 있다.
연구자는 관심 있는 특정 속성과 일치하도록 선택 집합에 포함된 속성
및 수준을 연구 목적에 맞게 유연하게 정의할 수 있다. 이 방법은 응답
자에게 실제 의사 결정 상황과 매우 유사한 현실적인 선택 시나리오를
제시함으로써 비교적 매우 현실적인 결정 시나리오를 활용하는 장점이
있다. 따라서 결과의 적용 타당성을 높이고 연구자들이 개인이 현실
세계에서 선택하는 방법을 포착할 수 있게 한다.

　이 기법은 선호도의 개인차를 규명하는 데 유용한 장점이 있다. 다양
한 응답자 그룹의 선택을 분석함으로써 연구자는 소비자 선호도의 이
질성 또는 선호도의 차이에 대한 정보를 얻을 수 있다. 같은 맥락에서
이 방법을 사용하면 연구자는 개인이 서로 다른 속성 간에 기꺼이 상쇄
하는 효과를 분석할 수 있다. 이 정보를 통해 의사 결정에 영향을 미치
는 다양한 속성의 상대적 중요성을 규명할 수 있다.

　선택 혼합 로짓 모형과 같은 고급 통계 기술을 사용하여 실험 데이터
를 분석하여 선호 매개변수를 추정하고 선택에 대한 다양한 속성의
영향을 정량화할 수 있어 통계적인 효율성이 높다는 장점이 있다. 연구
자는 선택 세트의 속성, 수준 및 디자인을 제어하여 속성의 변화가
선택에 미치는 영향을 체계적으로 조사할 수 있으며, 같은 선택 환경
내에서 다양한 속성과 수준을 직접 비교할 수 있으므로 다양한 재화
또는 서비스 기능의 상대적인 매력에 대한 통찰력을 얻을 수 있다.

　그러나 이러한 장점이 많은 기법이지만 다음과 같이 실제 적용에서
유의하여야 할 단점도 가진다. 이 기법은 매우 현실적인 가상 시나리오
를 전제하지만, 그 한계를 벗어날 수 없다. 가상 시나리오에서 응답자
의 선택은 실제 행동이나 실제 지불 의향을 정확하게 반영하지 않을

수 있는 한계를 갖는다는 것이다. 이러한 편향의 오류는 응답자가 실제 생활에서처럼 선택을 심각하게 받아들이지 않으면 심각한 문제를 일으킬 수 있다.

설문지 응답을 통해 선택 결과를 분석하는데 기본적으로 응답자의 태도에서 오는 한계가 있다. 선택 집합이 복잡하거나 많은 속성 및 수준을 포함하는 경우 응답자에게 인지 부담을 줄 수 있다. 이는 응답자의 피로를 유발하고 잠재적으로 선택의 질에 영향을 미칠 수 있다. 응답자는 유사한 선택 집합에 대해 다른 옵션을 선택하는 것과 같이 선택에 일관성이 없을 수 있다. 이로 인해 신뢰할 수 없고 오류가 많은 데이터가 생성될 수 있다. 많은 수의 선택 세트를 제공할 때 응답자의 신중한 의사 결정이 아닌 무작위 또는 임의 선택으로 이어질 수 있다. 또한 응답자는 자신의 선호도를 진정으로 반영하는 선택이 아니라 사회적으로 바람직하거나 수용 가능한 것으로 인식하는 선택을 할 수 있는 한계도 있다. 응답자는 자신의 진정한 선호도를 나타내는 선택을 하기보다는 효용 극대화 또는 비용 최소화와 같은 특정 결과를 달성하기 위해 선택을 전략적으로 변경할 수 있다.

이 기법은 조사 설계에서도 오류를 범할 단점으로써 특성 선택, 수준 및 선택 세트 구성과 같은 특정 설계 선택에 민감할 수 있다. 설계에서 디자인의 작은 변화가 다른 결과를 가져올 수 있다. 정량화하기 어려운 속성에 금전적 가치를 할당하거나 극단적이거나 익숙하지 않은 속성 수준을 평가하는 것은 문제가 될 수 있으며 잠재적으로 신뢰할 수 없는 결과로 이어질 수 있다. 선택 실험에서 응답자는 선택 세트에 제공된 정보에만 액세스할 수 있다. 이것은 소비자가 종종 더 많은 정보와 환경을 가지고 있는 실제 의사 결정의 전체 복잡성을 포착하지 못할 수 있다.

박찬열·송화성(2018)은 선택실험법을 이용하여 지역 공원의 다양한 가치를 관광자원의 관점에서 추정하였다. 연구 대상인 광교호수공원은 어번레비, 마당극장, 신비한 물너머, 인고암벽장, 가족캠핑장, 반려견 놀이터 등의 시설로 조성된 국내 최대 규모의 수변공원으로 2013년 4월 준공하였다. 표 3-6과 같이 공원의 가치 속성을 공원조성수준, 다양한 활동 제공, 편의정도로 구분하였고, 현재 상황을 기본상태를 의미하는 제1수준으로 전제하며 국내외사례를 바탕으로 수변 공원 개발의 이상적 상황을 제2, 3수준으로 제시하였다. 각 수준에 대한 구체적인 내용은 표 3-6과 같다.

더 개선된 것을 전제로 2, 3수준은 국내외 유명 도시호수공원인 고양호수공원, 송도센트럴파크, 중국 북경 이화원, 미국 위스콘신주 메디슨 호수공원 등의 사례를 바탕으로 도시 수변공원 개발의 이상적 상황을 제시하였다.

표 3-6. 광교호수공원 가치추정을 위한 속성 및 수준

속성	수준	설명
공원조성 수준	기본 휴식 공간	호수 경관을 위주로 기본적인 휴식 공간을 제공
	기본 휴식 공간, 산책로/자전거길 활성화	호수 경관을 즐길 수 있는 산책로와 자전거길 활성화
	기본 휴식 공간, 산책로/자전거길 활성화, 경관 아름다움, 각종 체육시설	호수 경관의 아름다움을 극대화 하고, 각종 체육시설 확대 배치

다양한 활동 제공	기본 볼거리/구경거리	조경, 불꽃놀이, 이벤트, 음악회 등 기본적인 볼거리와 구경거리 제공
	기본 볼거리/구경거리, 학습 및 생태체험, 각종 수변활동	추가적으로 학습 및 생태체험(식생 및 조류 관찰), 각종 수변활동(물놀이) 등 참여 프로그램 제공
	기본 볼거리/구경거리, 학습 및 생태체험, 각종 수변활동, 주변 여가·관광지 연계	추가적으로 주변 여가·관광지(수원화성, 컨벤션센터, 월드컵 경기장 등)와 연계한 관광프로그램 제공
편의 정도	기본 편의시설	화장실, 매점, 벤치, 그늘막 등 기본 편의시설 설치·관리
	기본 편의시설, 추가 편의시설	공용 주차장, 노약자/장애우대시설 등을 추가하고 자전거 이용 시간 제한 등으로 공원 이용의 편의성 증대
	기본 편의시설, 추가 편의시설, 교통 연계, 캠핑장 확대, 해설 및 가이드 프로그램	버스 및 지하철 연계, 캠핑장 등을 확대하고 해설 및 가이드 프로그램을 제공하여 관광 편의 극대화
지불금액	가구당 연간 5,000원	수준을 향상시키기 위해서 공원의 개선 및 유지·관리 비용의 일부를 세금의 형태로 충당
	가구당 연간 10,000원	
	가구당 연간 20,000원	
	가구당 연간 30,000원	

자료: 박찬열·송화성(2018)

설문을 통한 실험을 위해서 앞서 설명한 속성과 수준을 조합한 표 3-7과 같은 선택 카드를 활용하였다. 구조화된 설문지를 활용하여 평일과 주말에 광교호수공원 방문객을 대상으로 무작위추출법을 사용하여 조사를 진행하였다. 설문 응답자에게 각 속성과 수준을 충분히 설명한 후 3장의 카드를 무작위로 선택하고 각 대안을 비교하여 가장 선호하는 카드를 선택하는 방식으로 5차례씩 진행하였고 총 652명을 실시하여 유효 실험 결과는 총 3,260회이다.

표 3-7. 무작위 선택카드 예시

속성	대안 1 (기본)	대안 2	대안 3	대안 4
공원조성 수준	기본 휴식 공간	기본 휴식 공간	기본 휴식 공간 + 산책로/자전거길 활성화 + 경관 아름다움, 각종 체육 시설	기본 휴식 공간 + 산책로/자전거길 활성화
다양한 활동 제공	기본 볼거리 /구경거리	기본 볼거리 /구경거리, + 학습 및 생태체험, 각종 수변활동	기본 볼거리/구경 거리, + 학습 및 생 태체험, 각종 수변 활동	기본 볼거리/구경 거리
편의 정도	기본 편의시설	기본 편의시설 + 추가 편의시설	기본 편의시설	기본 편의시설 + 추가 편의시설
지불금액	0원	30,000원	10,000원	5,000원

자료: 박찬열·송화성(2018)

실험 조사자료를 활용하여 조건부로짓모형(conditional logit model)의 추정 결과는 표 3-8과 같다. 지불금액에 대한 추정 계수는 부(-)의 관계로 1% 유의수준에서 통계적으로 유의한 것으로 나타나 일반적으로 기대하는 것과 같이 지불금액이 클수록 선택 확률이 감소한다는 합리적인 의사 결정의 모습을 나타내고 있다. 또한 각 속성과 수준에 따른 추정 결과도 1% 유의수준에서 통계적으로 유의한 정(+)의 관계를 나타내고 있어 공원의 가치에 대한 상당히 높은 양의 지불의사를 보여주고 있다.

추정 결과를 활용하여 공원의 이상적인 추가 개발 최상위 수준에 지불의사를 구할 수 있는데 그 결과는 다음과 같다. 공원 조성 수준 18,261원, 편의 정도 13,964원, 다양한 활동제공 12,683원 순으로 모두 양의 지불의사를 보여 공원에 대한 경제적 가치를 높게 평가하고 있는 것을 알 수 있는 결과이다.

표 3-8. 광교호수공원 방문객 지불의사 추정 결과

구분		계수1)	MWTP2) (원)
지불금액		-5.5.E-05***	-
공원 조성 수준	2 수준	0.585*** (0.053)	10,668.8 [8,781-12,556.5]
	3 수준	1.002*** (0.052)	18,261.4 [16,308.9-20,214]
다양한 활동 제공	2 수준	0.726*** (0.053)	13,235.2 [11,339.9-15,130.4]
	3 수준	0.696*** (0.055)	12,682.9 [10,862.3-14,503.6]
편의 제공	2 수준	0.507*** (0.052)	9,251.8 [7,385.6-11,118.1]
	3 수준	0.766*** (0.052)	13,964.7 [12,080-15,849.5]
Log likelihood		-4,092.9	
Number of observations		12,949	

주: 각 계수 값은 조건부 로짓 모형을 추정한 추정치 이며, ( ) 안은 표준오차.
***p<0.01
MWTP는 1수준 대비 추가로 지불할 의사가 있는 평균 금액을 의미하며, 가구당 연간 지불액 임. [ ] 안은 Krinsky Robbd의 모수적 재표집 방법(parametric bootstrapping)으로 계산한 95% 신뢰구간을 나타냄.

자료: 박찬열·송화성(2018)

또한 지역주민과 외지인의 방문 및 활용도 차이로 인한 지불용의 가격을 비교하여 서로 다른 특성을 보이는지 분석하였다. 일반적으로 외지 방문객은 단지 관광을 즐기지만, 지역주민은 관광자원의 훼손을 우려하면서 지불용의 의사에 반영하고 있는지를 파악하는 의미가 있기

때문이다. 지역주민과 외지인의 구분을 공원과 지리적으로 인접한 행
정구역 여부를 기준으로 한 비교 분석 결과는 표 3-9와 같다. 각 속성
에 대한 지역주민과 외지인의 지불의사의 차이와 선호도가 다르게 나
타났는데 이는 각 방문객의 거주지와 같은 위치에 따른 접근성의 차이
를 반영한 결과로 해석할 수 있다.

전반적으로 지역주민이 외지인과 비교하면 지불의사가 높게 나타났
는데 이는 도심 근린공원으로 특성이 반영되어 보다 활용의 빈도가
높아 편익을 더 많이 누리거나 누릴 수 있는 가치가 반영된 결과이다.
이와 같은 맥락으로 일상을 벗어난 관광가치와 연계할 수 있는 가치
증진에 대해서 외지인의 지불의사가 더 높게 나타났다.

표 3-9. 거주지별 광교호수공원 방문객 지불의사 추정 결과

구분		지역주민		외지인	
		계수1)	MWTP2) (원)	계수1)	MWTP2) (원)
지불금액		−5.3.E −0.5***	−	−5.9.E −0.5*** (4.1.E−06)	−
공원 조성 수준	2 수준	0.565*** (0.069)	10,585.3 [8,038.8−13,131.8]	0.629*** (0.085)	10,731.1 [7,991−13,471.1]
	3 수준	0.992*** (0.068)	18,593.1 [15,941.6−21,244.6]	1.037*** (0.082)	17,689.5 [14,878.6−20,500.3]
다양한 활동 제공	2 수준	0.779*** (0.069)	14,591.4 [12,060.9−17,121.9]	0.654*** (0.082)	11,163.3 [8,372.8−13,953.9]
	3 수준	0.709*** (0.072)	13,278.7 [10,834.1−15,723.2]	0.691*** (0.084)	11,789.4 [9,125.8−14,453.1]
편의 제공	2 수준	0.541*** (0.067)	10,126.3 [7,661.2−12,591.4]	0.456*** (0.082)	7,785.7 [4,996.1−10,575.3]
	3 수준	0.571*** (0.068)	10,694.4 [8,228.6−13,160.1]	1.045*** (0.081)	17,837.4 [14,940.6−20,734.2]

| Log likelihood | −2,393.4 | −1,685.2 |
| Number of observations | 7,536 | 5,413 |

주: 각 계수 값은 조건부 로짓 모형을 추정한 추정치 이며, ( ) 안은 표준오차. ***p〈0.01 MWTP는 1수준 대비 추가로 지불할 의사가 있는 평균 금액을 의미하며, 가구당 연간 지불액 임. [ ] 안은 Krinsky Robbd의 모수적 재표집 방법(parametric bootstrapping)으로 계산한 95% 신뢰구간을 나타냄.

자료: 박찬열·송화성(2018)

5. 헤도닉가격법(Component Approach : Hedonic Pricing Method(HPM))

1) 기본개념 및 관련이론

헤도닉가격법은 재화나 서비스의 가치가 개인에게 제공하는 효용이나 즐거움에 따라 결정된다는 이론에 기초한다. 즉, 가치를 평가할 때 개인의 주관적인 경험과 선호도에 중점을 둔다. 따라서 이를 쾌락적 평가라기도 하며 이는 기본적으로 개인이 서로 다른 취향과 선호도를 보이고 있음을 인정한다. 재화나 서비스의 가치는 본질적인 것이 아니라 개별 소비자에게 가져다주는 만족과 행복에서 파생된다는 것이다.

이 방법은 재화 또는 서비스의 가치를 다양한 속성 및 특성으로 분류한다. 이러한 속성은 유형적일 수도 무형적일 수도 있다. 예를 들어 주택의 경우 속성에는 침실 수, 면적, 위치, 편의 시설 이용 등이 포함될 수 있다. 헤도닉 평가는 각 속성 또는 특성의 가치를 개별적으로 추정한다. 연구자는 개별 속성을 분리하여 전체 가치에 미치는 영향을 분석하고 어떤 속성이 소비자에게 더 높이 평가되는지 식별할 수 있다. 예를 들어 주택 시장에서 헤도닉 가격 모형은 침실 수, 위치, 부지 크기와 같은 속성이 주택의 최종 판매 가격에 기여하는 정도를 추정할 수 있다.

헤도닉가격법의 핵심 요소는 주관성, 속성, 가치의 분해, 분석 모형으로 다음과 같다. 헤도닉평가 또는 쾌락적 평가는 가치가 주관적이며 개인마다 다르다는 것을 인식한다. 한 사람이 가치 있다고 생각하는 것이 다른 사람에게는 동일한 의미를 지니지 않을 수 있다. 이 방법은 개인의 선호도와 가치 인식을 전제하는 것이다. 이 기법은 재화, 서비스 또는 경험을 정의하는 특정 속성 또는 특성을 식별하고 분리한다. 이러한 속성은 재화의 물리적 기능과 같은 유형적 속성이거나 서비스와 관련된 평판 또는 브랜드 이미지와 같은 무형적 속성일 수 있다. 쾌락적 평가는 재화의 전체 가치를 개별 속성의 가치로 분해한다. 이를 통해 항목의 전체 가치를 결정하는 데 어떤 속성이 더 큰 영향을 미치는지 이해하는 것을 목표로 한다. 연구자와 경제학자는 종종 개별 속성의 가치를 추정하기 위해 헤도닉 가격 책정 모형을 사용한다. 이러한 모형은 시장 데이터를 분석하여 속성 수준의 변화가 항목의 가격 또는 가치에 어떤 영향을 미치는지 확인한다.

헤도닉가격법의 이론적 배경은 개인이 어떻게 선택하고, 가치를 도출하고, 자원을 할당하는지를 설명하는 몇 가지 주요 경제 및 심리학 이론에서 비롯된다. 헤도닉가격법을 뒷받침하는 몇 가지 주요한 이론은 다음과 같다.

ㅇ 효용이론 : 쾌락적 평가는 경제학의 기본 개념인 효용이론에 뿌리를 두고 있다. 효용이론은 개인이 재화와 서비스를 소비함으로써 얻는 선호와 만족에 따라 결정을 내린다고 가정한다. 쾌락적 평가 방법은

재화나 서비스의 가치가 소비자에게 제공하는 효용이나 즐거움에 기반한다는 점을 고려하여 이 이론을 적용한다.

　○ 헤도닉 가격 이론 : 1974년 경제학자 셔윈 로젠(Sherwin Rosen)이 개발한 헤도닉 가격 이론은 헤도닉 평가 방법의 기초 역할을 한다. 이 이론은 재화나 서비스의 가격이 기본 특성이나 속성으로 설명될 수 있다고 제안한다. 이 방법은 이 이론을 확장하여 개별 속성의 가치와 재화 또는 서비스의 전체 가치에 기여하는 방식을 추정한다.

　○ 소비자 선호도 및 선택 이론: 소비자 선호도 및 선택 이론은 개인이 여러 옵션에 직면했을 때 결정을 내리는 방법을 탐구한다. 이 이론은 개인이 다양한 재화 속성에 대해 다양한 선호도를 보이고 있으며 이러한 선호도가 구매 결정에 영향을 미친다는 것을 전제한다. 헤도닉 평가법은 이러한 선호도를 고려하고 재화 가치에 미치는 영향을 정량화한다.

　○ 복지 경제학 : 복지 경제학은 경제 내에서 개인의 복지와 복지를 이해하는 것과 관련이 있다. 헤도닉 평가는 재화나 서비스의 특정 속성 변화와 관련된 후생 이득 또는 손실을 평가하는 것을 목표로 하기 때문에 후생 경제학과 밀접한 관련이 있다.

　○ 심리적 쾌락주의 : 심리적 쾌락주의는 개인이 쾌락 추구와 고통 회피에 의해 동기가 부여된다는 심리학 이론이다. 쾌락적 평가의 맥락에서 이 이론은 개인이 자신의 속성에서 파생되는 즐거움을 기반으로 재화나 서비스에 가치를 부여한다는 것을 전제한다.

2) 기본 모형 및 일반적 절차

다음은 주택가격에 대한 헤도닉 가격 책정의 기본 이론적 모형이다. 주택의 가격은 주택의 특성, 주택의 여건과 주변 환경 등 여러 가지 속성에 의해서 결정된다고 전제하는 것이다. 주택의 가격을 p, 주택에 내재하고 있는 개별적인 속성들을 z_i라고 할 때, 회귀분석에서 다음과 같은 함수식을 추정할 수 있다.

$$p = f(z_1, z_2, z_3, \cdots, z_i)$$

이와 같은 헤도닉 함수를 이용하여 다중회귀분석을 실시할 경우 추정식은 일반화된 Box-Cox 모형을 사용한다. 이는 Box-Cox 모형이 선형모형, 이중로그모형 등의 모형들보다 유연성을 가진 함수 형태를 사용하기 때문이다(이용만, 2008). Box-Cox 모형은 주택의 속성변수인 z와 가격변수인 p에 대하여 유연한 구조 관계를 가질 수 있도록 변환을 취한 것으로서 아래와 같이 정의할 수 있다.

$$p_i(\theta) = \sum_{j=1}^{N} \alpha_j z_{ij}(\lambda) + \varepsilon_i \qquad (1)$$

위의 식1 에서 가격변수인 p와 N개의 속성변수인 z에 대하여 α는 선형모수를 나타내며, ε는 오차항이다.

속성 i의 한 단위 변화 시 주택가격의 증감은 추정된 함수를 속성변수인 z_{ij}에 대하여 다음과 같은 식으로 편미분하여 계산할 수 있다.

$$\frac{\partial p_i}{\partial z_{ij}} = p_i^{1-\theta}(\alpha_j z_{ij}^{\lambda-1}) \quad (2)$$

실제 주택거래자료를 이용하여 (식 1)에 따라 추정하면, 주택에 반영된 각 속성별 가치는 (식 2)에 의해 계산할 수 있다. 즉, i번째 주택의 가격인 p_i에 내재된 속성 j의 한계가치이며, 속성변수가 더미변수일 경우에는 특정 속성의 존재 여부에 따라 발생하는 가치이다.

(식 1)의 좌변 및 우변항에서 Box–Cox 변환을 적용하는 변수에 따라 아래의 다양한 모형을 추정할 수 있다.

$$\text{M1: } p_i(\theta=1) = \sum_{j=1}^{N}\alpha_j z_{ij}$$

$$\text{M2: } p_i = \sum_{j=1}^{N}\alpha_j z_{ij}(\lambda=1)$$

$$\text{M3: } p_i(\theta) = \sum_{j=1}^{N}\alpha_j z_{ij} ,$$

$$\text{M4: } p_i(\theta=1) = \sum_{j=1}^{N}\alpha_j z_{ij}(\lambda),$$

$$\text{M5: } p_i(\theta) = \sum_{j=1}^{N}\alpha_j z_{ij}(\lambda).$$

쾌락적 가치 평가 프로세스에는 재화, 서비스 또는 속성을 개별 특성이나 속성으로 분류하여 가치를 추정하는 여러 단계가 포함된다. 프로세스의 일반적인 개요는 다음과 같다.

가) 연구 정의 : 연구의 목적과 범위를 정의한다. 평가하려는 재화 또는 서비스를 명확하게 정의하는 것이다. 이것은 집이나 자동차와 같은 물리적 재화일 수도 있고 공원 이용이나 도시경관, 그리고 인터넷 속도와 같은 무형의 서비스일 수도 있다.

나) 속성 선택 : 잠재적으로 가치에 영향을 미칠 수 있는 재화 또는 서비스의 모든 관련 속성 또는 특성을 식별하고 나열한다. 이러한 속성은 객관적(예: 크기, 위치, 품질) 및 주관적(예: 평판, 미학)일 수 있다.

다) 자료수집 : 재화 또는 서비스 및 해당 속성에 대한 자료를 수집한다. 여기에는 설문 조사 수행, 시장 자료수집 또는 기존 데이터 세트 사용이 포함될 수 있다. 때에 따라 특정 속성의 영향을 측정하기 위해 관찰 데이터를 사용하거나 실험을 수행해야 할 수도 있다.

라) 헤도닉 가격모형 : 다음 단계는 헤도닉 가격모형을 개발하는 것이다. 이 모형은 관찰된 시장 가격 또는 재화 또는 서비스의 가치를 속성 특성과 관련시키는 것이다. 모형은 각 속성의 가치를 추정하기 위해 경제 이론과 통계 기법을 기반으로 해야 한다.

마) 회귀 분석 : 회귀 분석을 사용하여 속성과 관찰된 가격 또는 값 간의 관계를 추정한다. 이는 개별 속성의 변경이 재화 또는 서비스의 전체 가치에 어떤 영향을 미치는지 식별하는 데 도움이 된다.

바) 속성 평가 : 속성과 가치 간의 관계를 추정한 후에는 재화 또는 서비스의 전체 가치에 대한 각 속성의 기여도를 계산할 수 있다. 이렇게 하면 개별 속성값이 제공된다.

사) 시장 시뮬레이션 : 때에 따라 시장 시뮬레이션 기술을 사용하여 속성의 변화가 시장 균형 및 가격에 미치는 영향을 추정할 수 있다.

아) 한계 및 민감도 분석 : 분석의 한계를 고려하고 민감도 분석을 수행하여 결과의 견고성을 테스트한다. 특정 가정 또는 데이터 제한이 헤도닉 평가의 정확성에 영향을 미칠 수 있다는 점에 유의해야 한다.

자) 해석 및 정책 시사점 : 헤도닉 평가 결과를 해석하고 이해관계자, 정책 입안자 또는 고객에게 효과적으로 전달한다. 다양한 속성이 전체 가치에 어떻게 기여하고 이것이 의사 결정에 어떤 영향을 미치는지 설명한다.

3) 평가 및 분석사례

헤도니가격법은 주택과 같은 실제 거래 재화의 시장균형가격을 이용하여 경관과 같은 재화나 서비스의 가치와 편익을 분석하는 방법으로 여러 장점이 있다. 가장 큰 장점은 실제 시장 거래 및 가격에 의존함으로써 개별 속성의 가치를 추정하기 위한 강력한 실증적 자료를 제공함으로써 현실성이 높다는 것이다. 이 기법은 소비자 선호도, 시장 추세 및 외부 요인의 변화를 반영함으로써 수요 및 공급 조건의 변화를 규명할 수 있다. 시장 가격과 통계 분석에 의존함으로써 속성의 가치를 투명하게 추정하고 체계적으로 설명할 수 있다.

분석 과정에서 개별 속성이 재화나 서비스에 함께 묶인 경우에도 개별 속성의 가치를 분리하고 정량화할 수 있다. 이를 통해 특정 기능에 대한 소비자 선호도에 대한 통찰력을 얻을 수 있다. 또한 가치에 기여하는 여러 속성을 가진 재화 또는 서비스에 적용될 수 있으므로 주택, 자동차 및 환경 편의 시설과 같은 복합적인 재화나 서비스를 평가할 때도 유효하게 활용할 수 있다.

분석의 실제에서 온라인 부동산 목록 또는 전자 상거래 플랫폼과 같은 대규모 데이터 세트를 사용할 수 있으므로 연구자는 헤도닉 가격 모형을 활용하여 방대한 양의 시장 거래를 분석할 수 있다. 또한 빅데이터를 이용하여 회귀 분석과 같은 정교한 통계 기술을 통해 정교한 속성값과 그 중요성에 대한 통계적으로 강력한 추정치를 제공할 수 있다. 이 결과 다양한 속성의 값을 정량화하여 정책 결정 및 자원 배분 결정에 활용하고 나아가 부동산 가치 또는 소비자 선택에 대한 정책 변경의 영향을 평가하는 데 특히 유용하게 활용할 수 있다.

그러나 이러한 장점에도 불구하고 다른 방법과 마찬가지로 연구자가 알아야 할 한계와 약점이 있다. 가장 먼저 분석에 활용하는 데이터의 한계이다. 가격 및 속성에 대한 적절한 데이터는 일부 상황에서 방법의 적용 가능성을 제한하여 모든 재화 또는 서비스에 대해 즉시 자료의 구득에 한계가 있을 수 있다. 속성 및 가격에 대한 데이터의 정확성과 완전성은 신뢰할 수 있는 결과를 얻는 데 중요하다. 데이터 품질이 좋지 않으면 신뢰할 수 없는 결과가 나올 수 있다. 활용한 자료에서 가격에 영향을 미치는 중요한 속성이 모형에 포함되지 않으면 속성값의 추정치가 편향될 수 있다. 생략된 변수는 속성과 가격 간의 관계에 대한 잘못된 추론으로 이어질 수 있다.

속성 또는 가격이 부정확하거나 부정확한 측정은 편향된 추정으로 이어지고 결과의 신뢰성을 감소시킬 수 있다. 속성 간의 높은 상관관계

제3장 경관의 경제적 접근방법 **181**

는 회귀 모형에서 다중공선성으로 이어질 수 있어 가격에 대한 각 속성의 고유한 기여도를 분리하기 어렵게 만든다. 시장 거래는 특히 구매자가 구매 결정을 내릴 때 유사한 부동산의 가격을 고려하는 경우 서로 진정으로 독립적이지 않을 수 있다. 분석 과정에서 시간 경과에 따른 경제적, 사회적 또는 규제적 변화는 속성과 가격 사이의 관계에 영향을 미쳐 잠재적으로 과거 추정치의 관련성을 떨어뜨릴 수 있다.

이 기법은 기본적으로 과거 거래 실적에 기초함으로써 속성값의 공간적 또는 시간적 변화 또는 가격에 미치는 영향을 완전히 설명하지 못할 수 있다. 또한 다양한 시장 부문은 속성의 가치를 다르게 평가할 수 있는데 이러한 변화를 적절하게 포착하지 못할 수 있다.

스즈키 외(Suzuki et al.)(2023)는 일본 도쿄 교외 지역을 대상으로 구글의 가로경관 이미지를 활용한 지구와 가로 수준 각각의 경관 이미지가 자산 가격에 미치는 영향을 헤도닉 가격모형을 이용하여 분석하였다. 도쿄 중심지 신주쿠로부터 30㎞ 떨어진 교외도시인 하치오지시는 2015년 인구가 577,000명으로 2005년 이래 인구 변동이 거의 없이 안정적이라 주택 수요도 안정이라서 도시경관의 경제적 가치를 분석하는데 적합하다는 이유로 선정되었다. 일본 정부 산하 기구의 부동산정보 시스템을 통해서 2016년부터 2019년까지의 실제 거래된 저층주택 800개의 자료를 이용하여 분석한 결과는 표 3-11과 같다.

분석 결과 전반적으로 경관 요소가 주택가격에 의미 있는 영향 관계가 있는 것으로 나타났다. 사례 연구의 핵심 주제인 경관 요소를 구체적으로 살펴보면 통계적 유의성에 차이와 한계를 안고 있으나 녹지율(greenery), 개방성(openness), 가시성(visual enclosure), 보도(road shoulder)는 정(+)의 관계를 나타냈고 송전탑(power pole)과 농경지

(farmland)는 부(-)의 관계를 나타내고 있다.

그리고 포괄적인 경관 요소로서 주택 특성과 토지이용 특성 요소도 포함하여 분석한 결과도 보여주고 있다. 일반적으로 이전에 규명하고 인식된 많은 변수의 관계를 통계적으로 유의하며 관계 방향도 기대하는 수준으로 나타났다. 특히 대중교통과 공원 접근성은 지구 수준에서 의미 있는 결과를 나타냈다. 토지이용에서도 지구 수준에서 낮은 밀도, 공지, 공원과 녹지는 통계적으로 유의하면서 정(+)의 관계를 보여주고 있다.

표 3-10. Hypotheses regarding correlations between the urban landscape index and property price.

Landscape element	Urban landscape index	Summary statistics	Expected correlation with property price
Greenery	Vegetation	Mean (Max)	+(Comfortable environment with abundant greenery and plantings)
Openness	Sky	Mean (Max)	+(Sufficient sunlight in the Community)
Visual enclosure	Building(+ Wall + Fence)	Mean (Max)	+(Matured residential area with a certain level of enclosure by buildings)
Power pole	Pole	Mean (Max)	−(Messy Landscape characterized by electrical wires) or 0(Common urban landscape in Japan)
Road shoulder	Sidewalk(+ Car)	Mean (Max)	?(Loss of continuity of buildings or visual enclosures; Enhance openness; Common urban landscape in Japan)
Farmland	Terrain	Mean (Max)	?(Loss of continuity of buildings or visual enclosures; Enhance openness; Common urban landscape in Japan)

자료: Suzuki et al.(2023)

표 3-11. Correlations between urban landscape index and property price.

Measuring:	District—level landscape	Street—level landscape
Urban landscape index		
Vegetation (Mean)	0.5866***	0.3454*
Sky (Mean)	0.9684***	1.0541***
Building (Mean)	0.2528	0.5360***
Pole (Mean)	−3.4615*	−1.2807
Sidewalk (Mean)	0.7494	0.1757
Terrain (Mean)	−0.2295	−0.0182
Building characteristics Newly built	0.0578	0.1038***
Age [years]	−0.0170***	−0.0167***
Floor area [m²]	0.0050***	0.0041***
Non−timbered	0.0395	0.0437
Land characteristics Land area [m²]	0.0018***	0.0016***
Walking time to station [min]	−0.0162***	−0.0095***
Bus to station	−0.5077***	−0.2138***
With parking space	0.0462*	0.0491*
Distance to junior high school [km]	−0.1238***	−0.0238
Floor−area ratio (FAR) [%]	−0.0011	0.0015
Front road width Less than 4 m	−0.1421***	−0.1651***
4−5 m	−0.1614***	−0.1430***
5−6 m 6−7 m	(reference) 0.0344	(reference) −0.0265
7−10 m	0.0099	−0.0062
10 m or more	−0.0091	−0.0394
Unknown	−0.0370	−0.0579*

Land use within 500 m radius [ratio]		
High-rise building	0.2703	0.1972
Dense low-rise building	0.5111***	0.2361
Low-rise building	0.0854	0.1054
Vacant land	0.7879***	-0.0726
Park and green	2.3671***	-1.3626
Farmland	-0.3831***	-0.0975
Constant	7.2457***	6.9458***
Time fixed effect (quarterly)	Yes	Yes
District fixed effect		
Number of observations	800	800
R^2	0.705	0.801
Adjust R^2	0.687	0.757

The dependent variable is the log of the transaction price. Significance level: ***$p < 0.01$, **$p < 0.05$, *$p < 0.1$.

자료: Suzuki et al.(2023)

문윤식 외(2009)는 서대문구 현저동에 있는 독립공원의 경제적 가치를 헤도닉 가격기법으로 분석하였다. 3.3㎡당 가격을 종속변수로 하고 주택 특성과 경관 특성을 독립변수로 설정하여 2008년 9월 29일부터 10월 10일까지의 주택매매가격 자료를 대상으로 분석한 결과는 표 3-13과 같다. 본 연구에서는 기본 헤도닉 모형에 기반하여 다중회귀분석을 실시할 때 독립변수와 종속변수 간의 다양한 함수를 반영하는 장점을 살려 선형모형과 Box-Cox 모형을 이용하여 추정하였다. 일반화된 Box-Cox 모형이 선형모형 또는 다중로그모형 등에 비해 변수 간의 비선형구조를 반영할 수 있도록 변환을 취하여 유연성을 갖는

함수 형태를 사용하는 장점이 있다(이용만, 2008).

추정 결과 선형모형보다는 Box-Cox 모형이 변수의 전반적인 설명력이 높은 것으로 나타났다. 그러나 개별 변수의 통계적 유의성은 선형모형에서 높게 나타났다. 두 모형에서 주택 특성 중 단위면적과 층, 로열층, 그리고 중고등학교까지의 거리는 갑은 정(+)의 방향으로 나타났고, 초등학교까지의 거리는 음의 거리로 나타났다. 지하철역까지의 거리와 인왕산까지의 거리는 두 모형에서 상반된 방향으로 나타난 것은 모형추정의 한계로 지적되는 결과이다.

본 연구의 주된 분석 관점인 경관 요소로서 개방감과 공원에 대한 조망 여부는 정(+)의 관계로 통계적으로 유의한 것으로 나타났다. 즉 녹지 경관이 경제적으로 재산 가치에 영향을 미친다는 가설을 검증하는 결과이다. 또한 모형의 추정 결과에 따라 독립공원의 조망권에 대한 경제적 가치를 3.3㎡ 당 각각 53만 원과 약 29만 원으로 추정하였다. 이는 주택가격의 4.1%에서 2.2%에 해당하는 것으로 분석 제시하고 있다.

표 3-12. 변수의 구성

구분	특성변수	변수	단위	비고
종속변수		3.3㎡ 당 가격	만원	호가자료
독립 변수	주택 특성	면적	㎡	전용면적
		로얄층	더미	로얄층=1, 비로얄층=0
		지하철역까지의 거리	m	해당 동에서 지하철역까지의 직선거리
		초등학교까지의 거리	m	해당 동에서 초등학교까지의 직선거리
		중·고등학교까지의 거리	m	해당 동에서 중·고등학교까지의 직선 거리
		인왕산까지의 거리	m	해당동에서 인왕산까지의 직선거리

| 경관특성 | 개방감 | 더미 | 개방됨=1, 개방 안됨=0 |
| | 공원조망 | 더미 | 조망가능=1, 조방불가=2 |

자료: 문윤식 외(2009)

표 3-13. 추정결과

구분	선형모형(M1)		Box-Cox모형(M2)	
	회귀계수	t값	회귀계수	t값
면적	6.988	2.085**	94.225	2.630*
층	10.734	1.985**	33.799	5.265*
로얄층	59.680	1.910***	29.381	2.491**
지하철역까지의 거리	1.138	2.763*	-3.739	-0.706
초등학교까지의 거리	-2.965	-2.312**	-23.978	-2.623*
중·고등학교까지의 거리	2.937	2.430**	27.485	2.841*
인왕산까지의 거리	0.539	2.169**	-6.301	-1.200
개방감	76.600	2.039**	58.027	4.789*
공원조망	114.632	1.977**	77.258	3.338*
θ	1		-	
λ	-		0.419	5.127
adjusted-R^2	0.792		0.875	
log-likelihood	-1206.608		-1152.941	
3.3㎡당 헤도닉가격 (단위: 만원)	53.001		29.381	

*: 1% 유의수준에서 양측검정 결과 유의성 있음
**: 5% 유의수준에서 양측검정 결과 유의성 있음
***: 10% 유의수준에서 양측검정 결과 유의성 있음

자료: 문윤식 외(2009)

제4장

문화적 측면의 경관에 관한 고찰

1. 도시주의와 문화경관

1) 문화의 개념과 문화정책

그동안 도시는 물리적 측면에서의 다양한 사회 변화를 경험했고, 기술의 발달과 경제적 번영을 추구하였으며 그로 인한 환경의 오염과 공동화 등의 사회 문제도 함께 겪어내며 지속가능한 미래로의 반성과 성찰을 기울이고 있다. 도시계획의 패러다임은 물리적 환경 중심의 도시에서 인간의 삶을 존중하는 방향으로 전환되고 있으며, 정치·경제 등 사회 전반에 관한 문제뿐 아니라 문화와의 관계성에 주목하고 문화적 가치를 추구하려는 노력이 필요한 시점이 되었다.

문화란, 사람들이 모여 살면서 보이는 총체적인 삶의 양식을 일컫는다. 또한, 자연상태를 인위적으로 변화시킨 것을 의미하며, 이는 동일한 시대를 배경으로 사람들이 모여 사는 생활양식으로서의 집단적 사회 특성으로 나타난다. 문화는 문화예술이라는 특정한 형태뿐만 아니라 도덕적 가치 기준, 혹은 법과 제도 등의 다양한 삶의 형태로 표출되기도 한다.

문화와 문명을 동일시한 타일러(Tylor)(2018)는 광범위한 민족지[1]적

의미에서의 문화 혹은 문명이란, "지식, 믿음, 기술, 도덕, 법, 관습, 그리고 사회 구성원으로서 인간이 습득한 다른 모든 능력과 습관을 포함한 복합적 전체"라고 정의한 뒤, 문화의 유형과 법칙을 설명하려 했다. 이를 위해, 타일러는 일차적으로 민족지의 방법을 통해 수많은 인간 집단과 문화를 구성하는 다양한 요소들, 언어, 법, 관습, 전설, 신화, 도덕, 사회 질서, 도구 등에 관한 자료들을 수집하고, 문화연구를 위한 방법을 제시하였다. 이러한 자료들의 비교 분석을 통해 인간 역사의 전체를 개관하면, 거기서 두 가지 기본원칙을 발견할 수 있다고 여겼는데, 인간의 보편적인 정신적 일치 혹은 동일성의 원칙과 시간의 흐름 속에서 나타나는 지적인 진화의 유형이다.

문화에 대한 중요성은 문화를 통제하거나 관리하려는 정치적 활동이 본격적으로 등장하는 배경이 되었으며, 공공의 목표달성을 위해 문화 관련 특정 문제를 관리하려는 정부의 활동으로서 문화정책이 발전되었다. 따라서 문화정책은 다분히 정치적이고 사회문화적일 수밖에 없으며, 문화를 정치적 도구로 사용하기 시작하면서 다양한 집단과 사회적 공동체를 구분하는 특별한 유형이 되었다. 초기의 문화정책은 예술적 측면에서 지원과 관리를 위해 시작되었고, 산업화와 식민시대를 배경으로 식민지 개척 후 문화를 강탈하려는 다양한 시도로 정치적 도구화가 되기도 하였다.

1965년 록펠러재단의 보고서에 의하면, "예술이란 특권을 가진 소수가 아닌 다수를 위한 것이고, 예술이 펼쳐질 곳은 사회의 주변이 아니

---

1) 현지 조사에 바탕을 두고 여러 민족의 사회 조직이나 생활양식의 기술(記述)을 목적으로 하는 인류학(人類學) 연구의 한 방법(출처: 다음 사전)

그림 4-1. 영국내셔널갤러리(National Gallery : 영국의 최고의 국립미술관. 귀족 등 일부
계층에서만 향유하던 문화를 국민으로 개방하는 문화정책 배경을 배경으로 설립)

라 중심이어야 하며, 예술은 단순한 오락의 형태가 아니라 대중의 복지
와 행복을 위해 가장 중요한 것이다"라고 문화예술의 공적 측면을 강조
하였다(정철현, 2015).

　문화적 영향력에 대한 인식으로 문화연구가 시작되었는데, 제2차
세계대전 이후 영국의 진보적 성향에서 정부 정책이 노동자들의 삶과
문화에 어떤 영향을 미쳤는가에 대한 관심에서 비롯되었고, 리처드
호가트(Richard Hoggart)가 1964년 현대문화 연구소를 설립하면서 본
격적인 연구가 진행되었다. 영국은 산업화에 따른 부작용을 경험하였
고, 이로 인한 심각한 환경의 파괴와 도심 공동화 등 사회구조의 변화
가 초래되었다. 계층 간의 갈등과 러시아 공산주의와의 이데올로기

대립, 도시구조의 변화에 따른 위기감은 사회구조의 변화와 복지정책 수립 등 새로운 영국으로의 변화를 꾀하는 세력을 결집하게 하였다. 이러한 사회적 변화로 인해 영국은 전통적인 영국성(Britishness), 즉 정체성의 위기에 봉착하였다. 이때의 영국에서 발달된 문화연구는 국가 정체성의 위기에 대한 대응이라 해석할 수 있을 것이다.

문화는 한 시대와 한 집단이 모여 살면서 보여지는 총체적인 삶의 양식이라고 표현할 수 있으며, 문화정책은 공공을 위해 문화 관련 특정 문제를 해결하려는 정부의 활동을 일컫는다고 할 수 있다. 최근에는 정부의 지원을 바탕으로 문화산업, 도시재생, 창조도시, 공공예술, 창조경제 등의 용어가 생겨났으며, 특히 도시경관의 주요한 분야로 문화의 중요성이 대두되고 있다.

2) 문화의 정책화로 인한 도시구조의 변화

산업혁명 이후 산업구조의 변화와 인구의 집중화로 새로운 도시가 형성되고 발전되었으며, 각각의 도시는 고유한 형태를 지니며 변화하는 계기가 되었다. 초기 도시형성 단계에서는 경관이 주로 도시를 구성하는 물리적 측면을 중점으로 인식되었지만, 무분별한 개발로 인한 환경파괴와 도시민들의 삶의 질에 관한 문제가 야기되면서 문화적 측면에서의 도시경관에 대한 논의도 본격적으로 시작되었다. 그러나 문화적 요인은 시대적·정치적 상황에 의해 결정되기에 옳고 그름에 대하여 섣부른 결론을 내리기에 어려움이 있다. 문화는 시각적으로 드러나는 현상 외에도 잠재된 형태로 시간과 장소에 의해서 다양한 형태로 표출되거나 혹은 함축되어 내재하므로 가치판단 측면에 작용한다고

그림 4-2. 인천 자유공원에서 바라본 개항장 일대

볼 수 있다.

　도시구조와 사회적 가치의 기준으로서 문화는 사회과학적인 측면에
서 고려될 수 있으며, 사회집단의 독특한 생활양식으로서 표출되어
도시구조에 어떻게 작용하는지는 열강들의 식민지 지배를 위한 문화정
책에서 찾아볼 수 있다. 제국주의는 식민지에서의 자원수탈과 이동뿐
아니라, 정신적 지배를 위한 인식의 개조 등을 위하여 도시를 계획하고
문화를 통제하려는 수단으로 정책화하였으며, 문화정책은 그 배경이
되었다. 우리나라 최초의 도시계획이 인천에서 이루어진 것 역시 이러
한 식민지의 자원수탈과 문화적 지배를 위한 것이었음을 알 수 있다.

　교통과 통신의 발달, 산업화를 토대로 현대에 와서는 도시 간의 경쟁
이 가속화되고 있다. 도시 간의 경쟁과 교류는 다른 도시와 구별되는
매력적인 도시로의 아이덴티티를 형성해야 했고, 이는 단순히 시각적

차별화를 넘어 문화를 자원화하고 장소화하며 도시관광으로 발전하였으며 각종 도시마케팅 전략을 통하며 정책화하고 있다. K-pop이나 일본만화처럼 다양한 매체의 활성화로 언어나 국경의 한계를 넘어서는 일들이 많아졌고, 이러한 전지구화[2]로 세계의 도시들은 다른 도시와의 차별화를 위해 더욱 매력적인 장소 만들기를 위한 노력을 기울이며 도시관광, 도시마케팅의 분야로 진화하고 있는 것이다.

문화적 파급력을 배경으로 한 도시 간의 경쟁은 다양한 형태로서 문화정책의 배경이 되었으며, 도시계획이나 관리 차원을 넘어서는 문화적 경관은 중요한 정책과제로 등장하였다. 신도시 계획에서 다루어지는 경관에서도 문화는 주요한 이슈로 등장하였고, 도시재생에서는 각종 도시활성화의 전략 및 정책 과제에 반영되고 있으며, 이는 주민참여와 주민주도의 형태로 진화하고 있다.

이제 문화는 도시의 하드웨어를 좌우하는 막강한 파급력을 지닌 유기체로서 도시에 작용한다. 문화는 특히 도시계획에서 다양한 형태로 작용하고 있다. 도시의 형성 및 발전에 중요한 요소로서 역할을 하였고, 정치적인 목적을 포함하며 정책의 한 분야로서 작용하고 있다.

3) 도시주의(Urbanism)와 뉴어바니즘의 등장

오늘날 도시계획에서 흔히 쓰는 도시주의(Urbanism)[3]는 도시를 중

---

2) 전지구화(Globalization)란 자본이 국가의 경계를 넘어서 전 지구를 무대로 활동하는 것을 의미하며, 1951년에 〈The Economist〉 기사에 등장함.

3) 흔히 어미에 -ism을 붙이면 어떤 거대한 경향을 뜻하는 단어가 된다. 근대주의를 뜻하는 모더니즘(Modernism), 노동의 과정을 개편하여 대량생산을 추구하는 포디

그림 4-3. 마을의 대안을 찾기 위해 주민참여를 진행하는 워크숍

심으로 한 생활양식 전반을 나타내며, 도시의 배치와 건축양식, 건조환경 등 도시가 가진 물리적이고 공간적 측면과 사회경제, 도시문화와 같은 비물리적 요소들 간의 공생관계에 초점을 두는 개념이다. 도시를 뜻하는 Urban과 -ism의 합이라는 그 구조에서도 알 수 있듯, 도시주의는 도시를 중심으로 한 사회·문화·경제 등의 전반적인 경향을 뜻하며, 근대 이후의 도시계획 전반을 가리키기도 한다.

도시주의는 식민주의의 근간이 되었다. 강대국들은 식민지화를 극대화하기 위해 도시계획을 하였으며, 자원과 시장을 개척한다는 명분으로 문화, 사회, 이데올로기의 형태로 식민지에 전파하는 수단으로 삼기도 하였다. 타일러(Tylor)에 의하면, 식민주의는 중심부 국가들의

즘(Fordism) 등이 그 예이다.

주변부 지역에 대한 지배전략에서 시작되었으며 식민도시의 영향으로 외부지향적인 항구 중심으로 도시가 발달하게 되었다. 식민사회 도시 계층을 재조직화하고, 경제, 행정, 군사중심지로의 식민수도 건설 등을 목표로 하는 제국주의 기반의 도시계획이 이를 계기로 수립되었다.

세계 각국에 식민주의를 배경으로 근대도시가 형성되고 이러한 과정을 통해 독특한 양식의 집단적 문화양식으로 발전시켜 나갔다. '세계체제론'은 교통과 통신의 발달 등으로 국가 간, 지역 간 왕래가 자유로워짐에 따라 세계를 하나의 사회 체제로 보고자 하였다. 중심부와 반주변부(半周邊部)로 구분하고, 주변부에 위치한 국가 및 문화권 사이의 정치적·경제적인 비대칭 관계를 설명하는 이론으로 1970년대 미국의 사회학자 월러스타인(Wallerstein)이 주창하였다. 『도시문화와 세계체계』의 저자 앤소니(Anthony)(1999)는 이러한 물리적 환경의 조직보다는 전지적 관점에서 작용하는 힘을 강조하고 있는데 이를 문화 개념으로 해석할 수 있다고 하였다.

짐멜(Simmel)(2005)에 의하면, 도시주의의 특성은 엄청난 인구가 도시라는 지리적 영역에 밀집하기 때문에 발생한다. 이렇게 많은 사람이 밀집해 있기 때문에 대도시에서의 인간관계는 기본적으로 익명적이고 일시적이며, 이는 특정한 행동전략을 만들어낸다. 매일 일상적으로 타는 만원 전철에서 우리는 타인을 반가히 여기지 않는다. 그 뿐인가, 차라리 물건처럼 대한다. 엄청난 인구밀도 속에 신체가 밀착되어도 서로를 모르는 척한다. 전철에서 환승하는 동안 몇 번 마주쳤다고 해서 타인과 친밀함이 생기거나 실명을 공유하지는 않는다. 또한, 대도시에서는 사람 간 상호작용에 경제적 관계가 지대한 영향을 미치기 때문에 도시민 사이의 경쟁이 과열화되고 때론 약탈적인 관계를 취하기도 한다. 도시민은 한 개인이 일생에서 겪는 모빌리티 경험 또한 그 이전 세대보다 획기적으로 늘어나 '신유목민족'이라는 별명도 갖는다. 집에서 벗어나 휴양지로 이동해 관광을 즐기면서 일하는 '워케이션(Worcation)'이나 제주, 강원도 등 다른 지역에서 한 달을 사는 '한 달 살기'가 큰 인기를 끈 것을 생각하면 타당한 별명으로 보인다.

  인구의 도시 집중화는 공기 오염, 생태계 파괴, 열악한 주거환경 등의 사회 문제를 파생시켰다. 경제적 가치를 바탕으로 합리적이고 효율적인 것들을 추구했던 도시주의의 한계에 대응하며 뉴어바니즘이 등장하였다. 뉴어바니즘은 문화적 다양성을 강조하고 도시를 유기체로 인식하려는 생태주의에 기반을 두고 시작되었다. 공업·주거·상업 등으로 토지의 용도를 지나치게 세분화하여 규제함으로써 도심의 공동화가 발생되었다는 평가를 토대로 대안을 고찰하였다. 그 대안 중 하나는 도시화의 부작용을 극복하기 위해 도시 공간의 용도를 한 곳에서 해결할 수 있는 근린주구를 제시하는 것이다. 또한 대중교통의 발달로 보행자 중심의 도시설계가 가능해졌기 때문에 도심 안에 다양한 계층이 소통할 수 있는 오픈스페이스를 구성하여 이웃관계를 회복하고, 커뮤니티의 활성화, 친환경 건물, 사람 중심의 도로 등의 대안을 제시하였다. 뉴어바니즘은 경제적 가치에 편중된 도시주의를 극복하고자 하였으며, 자연환경과 지속가능한 도시민의 삶의 질까지 고려함으로써 도시 설계적인 측면뿐 아니라 가치까지 언급한 신전통주의 사회운동으로 간주되기도 한다. 이러한 뉴어바니즘의 사조는 도시계획에 있어서 문화와 커뮤니티의 중요성을 부각하는 계기가 되었다.

2. 도시경관과 문화의 자원화

1) 도시경관에 대한 문화적 인식

기존 도시계획이나 정책에서 소홀하게 다루어졌던 문화에 대한 인식이 대두되면서 문화와 경관이 함께 중요하게 강조되기 시작했다.

경관은 단순히 풍경만을 뜻하는 것이 아니라 환경에 대한 인식과 평가과정을 포함하여 파악되는 공간구성을 인간의 두뇌가 인식하는 심리적인 현상이라고 할 수 있다. 따라서 경관은 기술 발달에 따른 물리적 환경의 변화를 넘어서 시간과 공간, 장소에 대한 인식의 과정을 포함하게 되었다. 또한, 도시의 정치, 경제, 문화의 관계성에 주시하며 문화정책의 배경을 넘어 주요 대상으로서 그 문화적 성격이 중요하게 인식되었다. 이를 토대로 생태학적, 형식 미학적, 정신 물리학적, 심리학적, 기호학적, 현상학적, 경제학적 접근방법 등 다양한 측면에서 경관에 대한 연구와 분석이 이루어지고 있다.

초기의 경관에 대한 논의는 문화재를 관리하고 보존하려는 목적의 문화재 보호 정책으로 시작되었다. 자연경관에 인간의 영향이 가해져 이루어진 경관을 뜻하는 '문화경관'이란 개념이 세계적 관심을 끌게 된 것은 유네스코 세계유산위원회가 1992년 12월 제16차 회의(미국 산타페)에서 '세계유산 문화경관'의 개념을 채택하면서이다. 그런데 이 개념은 높은 수준의 평가 기준을 토대로 하기 때문에 문화경관의 범위가 매우 한정적일 수밖에 없으며, 다양한 가치를 갖고 지역의 특성을 반영하는 문화경관을 배제시킬 수 있다는 문제점을 안고 있었다(김민동, 2018).

이러한 문제점을 보완한 것이 유럽평의회가 2000년 이탈리아 피렌

그림 4-4. 경관에 대한 인식

체에서 채택한 '유럽경관협약'이다. 이는 경관을 "자연적 요소나 인간
적 요소의 작용과 그것들 간의 상호작용의 결과로 나타나는 특성을
갖는, 주민이 인식한 어떤 지역"이라고 정의하여 보편적 가치와 함께
지역의 특성과 주민간의 상호작용을 강조한 문화경관의 중요성을 표현
하였다. 그러나 여전히 지역이라는 물리적 범위로 국한되었다는 한계
를 지녔다.

   우리나라에서도 문화재 보호 측면에서부터 문화와 경관의 상관관계
에 대한 논의가 시작되었다. 위 논문에서 김민동은 문화적 경관을 지역
이라는 지리학적 객체에 인간의 문화적 활동이 분리할 수 없게 통합된
사회현상으로 정의하고, 문화적 경관은 단순한 자연환경과는 구분되
어야 하며 문화재와 밀접한 관계에 있음을 강조하였다. 또 우리나라의
〈경관법〉에서는 통제적 경관(Generative Landscape)이 강조되어 문화
자산으로서 문화적 경관을 보호하고 활용하고자 하는 내용으로는 적절
치 않음을 지적하고 있다.

   경관은 인간의 시·지각적 인식에 대하여 파악되는 공간구성을 두뇌
가 인식하는 심리적인 현상으로 작용하기 때문에 다의적이고 주관적일
수 있는 한계를 지닌다. 따라서 통제적 수단으로서 환경에 대한 평가가

포함되어야 하지만, 인간의 가치관과 사회구조의 변화에 따른 독특한 도시문화를 창출하고 반영할 수 있어야 하는 것이다.

2) 문화의 자원화

문화는 자연상태를 인위적으로 변화시킨 것을 대상으로, 일정한 시대적 가치를 반영하여 나타난 공동체의 총체적인 삶의 양식으로 정의할 수 있다. 공동체의 총체적 표현으로서 도시문화는 도시 간의 경쟁 속에서 다른 도시들과 차별화되는 중요한 전략적 요소로 인식되기 시작하였다.

1950년대 미국에서는 문화적인 붐이 일어났고, 그에 힘입어 문화예술은 그동안 경제학에서 말하던 자본 중심의 시장 논리와 달리 경제적 파급효과를 창출하게 되었다. 이를 계기로 문화의 경제적 가치에 대한 논의가 시작되며 1960년대 미국에서는 문화경제학이란 개념이 등장하였다.

이와 유사한 개념으로 컬쳐노믹스(culturenomics)(Duelund, P., 2008: 7-24)가 사용되었는데, 문화(culture)와 경제(economics)의 합성어로 기업이 해외 진출을 위해서는 해당 국가의 문화에 대한 이해가 필요하다는 뜻에서 비롯되었다. 2000년대에 들어서는 그 차원을 넘어 도시가 문화를 통하여 다양한 가치를 창출할 수 있으며, 문화적 요인이 경제적 파급효과를 일으킬 수 있다는 의미로 확대되어 사용되고 있다.

이제 문화는 특정한 장소 혹은 도시와 결합해서 가치를 높이는 방법으로 활용되어 경제와 긴밀한 관계로 작용한다. 컬쳐노믹스를 통하여 문화가 지닌 융화와 촉매적 기능은 지역의 사회, 경제, 문화를 활성화시켜 도시의 경쟁력을 높이는 전략적 목표가 되고 있다.

신도시 개발 초기부터 문화적 거점에 기반을 둔 아부다비의 '사디야트 문화지구'나 쇠락해가는 도시의 재건을 위해 도시재생의 전략적 수단으로서 문화를 활용한 스페인의 '빌바오'는 대표적인 컬쳐노믹스의 사례이다.

아랍에미리트는 2004년 '아부다비 경제발전 비전 2030'을 발표하며 도시개발의 목표를 문화관광에 두고 '사디야트 문화지구 프로젝트 (Saadiyat Island Cultural Districe Project)'를 계획하였다. 아부다비 도심에서 약 500m 떨어진 사디야트 섬에 유명건축가들이 설계한 5개[4]의 랜드마크를 중심으로 주거공간, 항구, 위락시설을 설치하는 이 프로젝트는 문화적으로 주목받지 못했던 아부다비에 세계적 관심을 일으켰다. 5개의 랜드마크 중 2017년 11월에 루브르 아부다비가 개관하였다.

스페인의 작은 항구도시 빌바오는 철강산업의 쇠락과 동반하여 도시가 황폐해졌고, 1997년 구겐하임 미술관을 개관하며 세계적인 관광도시로 변모시켜나갔다. 빌바오 효과는 현재에도 지속하고 있는데, 이는 강력한 민관 파트너쉽을 기반으로 하는 거버넌스의 활동을 통해서라고 할 수 있다.

빌바오 계획을 주도한 조직은 '빌바오리아 2000'으로, 이는 정부와 공공기관, 시민, 기업체 등으로 구성된 협력적 거버넌스의 성격을 띤

---

4) 사디야트 문화지구의 5개 랜드마크: 1. 자이드 국립박물관(Zayed National Museum), 노먼 포스터(Norman Foster). 2. 해양 박물관(Maritime Museum), 안도 타다오 (Ando Tadao). 3. 공연예술센터(The Performing Arts Center), 자하 하디드(Zaha Hadid). 4. 루브르 아부다비(Louvre Abu Dhabi), 장 누벨(Jean Nouvel). 5. 구겐하임 아부다비(Guggenheim Abu Dhabi), 프랭크 게리(Frank Gehry).

그림 4-5. 아부다비 루브르박물관은 도시전체의 이미지를 변화시키는 문화경관자원이다
(출처: https://visitabudhabi.ae/)

다. 빌바오는 거버넌스 중심으로 주민 간 갈등 해소는 물론 1990년대는 도시재생을 위한 통합과 경제 활성화에 집중하였고, 2000년대에 와서는 혁신을 위한 지식기반의 연구에 집중하여 왔다. 이후 '빌바오 효과'란 경제학적 용어로 인용될 만큼 문화가 경제에 미치는 영향에 대한 논의에서 빠지지 않는 성공적 도시의 사례가 되고 있다.

두 도시는 모두 컬쳐노믹스의 대표적 사례이지만 문화의 자원화 과정을 보면 각기 다른 출발점에서 시작했음을 알 수 있다. 아랍에미리트의 사디야트 문화지구는 도시를 계획하는 시점에 문화를 기반으로 하여 프로젝트를 기획하였다면, 빌바오는 도시재생을 목표로 하여 문화를 자원화하여 활용한 사례라고 할 수 있다.

문화적 요인을 활용하여 도시의 경쟁력을 높여 경제적 파급효과를 꾀하려는 문화의 자원화 전략은 지역적 특성을 반영했을 때 성공 가능

그림 4-6. 구겐하임 미술관 강가 과거(좌)와 현재(우)

(출처: www.leekuanyewworldcityprize.gov.sg)

성이 커진다. 또한, 이 과정은 동적인 참여의 주체가 될 수 있는 주민의 역할을 강조해 거버넌스로 구체화되고 있다. 신도시계획에서는 문화가 새로운 주민을 찾아 나서는 도구이지만, 도시재생 현장에서는 주민들의 삶을 다시 되살리는 방안으로 작동한다. 따라서 기존에 거주하는 주민이라는 이해관계자와의 의사결정 과정이 중요한 역할을 한다고 할 수 있다. 이러한 인간의 의지와 도시의 상호작용은 다양한 형태의 거버넌스를 통해 문화적 도시를 구체화한다고 할 수 있다.

3) 문화자원을 활용한 인천 함박마을의 도시재생

문화적 기반을 활용한 도시개발의 기법은 특히 도시재생사업에서 그 빛을 발한다. 새로운 지역의 맥락을 만들어내는 신도시 개발과는

달리 쇠퇴한 원도심을 다시 살려내는 도시재생을 위해서는 그곳에 살
고 있는 주민들의 문화적 기반이 재생의 주요 자원으로 활용되는 것이
다. 영국이나 일본, 국내의 도시재생 사업 중 특히나 성공적인 사례들
은 모두 오랜 지역의 문화기반을 활용한 경우가 많다. 또한, 지역의
역사와 문화를 활용한 도시재생사업이 지역 주민의 유대감을 강화해
도시의 지속가능성에도 긍정적 영향을 준다는 것은 여러 사례를 통해
서도 확인되었다.

영국의 리버풀(Liverpool)은 이 대표적인 사례라고 볼 수 있다. 리버
풀은 해상무역과 함께 성장한 당시 최고의 항구도시였다. 그러나 산업
의 패러다임이 변하며 급속도로 쇠퇴하기 시작한 리버풀은 우범지역,
버려진 항만이라는 부정적인 경관이미지를 가지게 되었다. 리버풀은
역으로 이러한 쇠퇴한 자원이자 역사, 문화적 맥락을 가지고 있는 자원
들을 적극 활용했다. 활발했던 무역항, 항구의 사람들과 같은 역사적
맥락의 이미지는 하나의 지역문화가 되어 재생되었다. 리버풀을 상징
하는 Dock들은 문화와 상업이 가득한 관광명소가 되고, 알버트 도크
(Albert Dock)에 위치한 물류창고는 그 역사적 형태를 유지한 채 1988년
테이트 리버풀(Tate Liverpool)이라는 갤러리이자 박물관이 되었다. 리
버풀에서 만들어진 세계적인 그룹 비틀즈의 이야기를 담은 비틀즈 투
어 코스는 리버풀의 대표적인 들을 거리이자 볼거리이다. 최고의 항구
도시, 버려진 항만, 다시 찾는 아름다운 문화의 항구는 모두 리버풀의
역사이자 문화가 되어 축적된 문화의 경관을 만들어낸다.

그렇다면 인천에서는 어떠할까? 멀고 먼 나라에서 온 문화들이 공간
에 집약되어 특수한 경관을 만들어낸 곳이 있다. 인천의 함박마을이다.
함박마을은 인천 연수구에 위치하고 있으며, 주민들의 대다수가 일자

그림 4-7. 리버풀 도시의 전경
(출처: https://www.cultureliverpool.co.uk/)

리를 찾아 우리나라에 온 고려인 이주민들이다. 임대료가 저렴한 함박마을에 정착한 고려인들은 서로 이질적인 문화적 차이로 인해 범죄 등 사회문제를 발생시켰고, 사건사고들로 뉴스에 오르내리기도 하는 부정적 이미지로 주목받는 곳이었다. 남동공단이나 송도 건설현장 등 많은 비교적 찾기 쉬운 일자리가 인근에 있었고, 무보증금의 저렴한 임대료, 보통 두세 자녀들과 함께하는 고려인이 선호하는 좋은 학군 등은 함박마을의 이주민 정착이 가파르게 증가하는 계기가 되었다. 이곳은 정부가 시행하는 도시재생 뉴딜사업에 두 번이나 낙방하였는데 이유는 1기 신도시와 같이 건설되어서 낙후도가 떨어지지 않는다는 이유였다.

　당시 함박마을의 상황은 주민들 간 문화적 차이로 인해 수많은 문제들이 대두되고 있었다. 2019년 기준 4,291명의 외국인이 유입되었는데, 서로 다른 문화를 가진 사람들이 공존하며 갈등상황이 빈번했다.

그림 4-8. 고려인들의 주민커뮤니티를 통한 문화경연

이들은 모두 한국인의 후예로서 동포였지만, 언어가 통하지 않는 경우가 많고 일상생활의 많은 부분에서 독자적인 생활양식을 갖고 있어 마을 커뮤니티를 통합하기에는 문제가 있었다. 도시의 물리적인 낙후도가 아니라 그 안에 사는 도시민의 문화적 교류와 커뮤니티, 유대의 형성이 도시재생의 필요성으로 대두되었다. 이는 문화적 차이에 따른 갈등의 골을 채우는 문화경관 조성이 필요했음을 의미했다.

이러한 당시 현안을 토대로 도심 노후도보다는 고려인들과의 문화적 소통을 통해 함께 잘 살아가는 것으로 도시재생의 목표를 수정했다. 또한, 그들이 갖고 있는 문화적 자산을 도시재생 전략에 포함시키면서 세 번째 도전으로 함박마을은 정부의 도시재생 뉴딜사업에 선정되었다. 함박마을의 도시재생과정은 그 자체로 화합의 장이었다. 고려인주민회가 설립되고 거버넌스 참여의 기회를 열면서, 유대와 문화의 교환, 사회자본이 만들어졌다. 주민의견을 듣는 과정, 정책개발과정에 주민

그림 4-9. 고려인의 집적화로 러시아 간판이 즐비한 함박마을의 가로경관

들이 모여 고려인 2세의 통역과 서로의 바디랭귀지로 소통하는 과정
자체는 문화적 차이에서 오는 거리감을 좁혀주는 문화융합의 시간이
되었다.

함박마을에 정착한 다른 언어를 사용하는 사람들은 다양한 문화적
맥락을 가지고 있다. 아이들의 보육을 위하여 노부모가 함께 온 사례도
많았고, 춤과 노래를 즐겨하는 고려인들의 문화특성을 살려 다양한
소그룹 활동도 일어났다. 러시아, 몽골, 예맨, 베트남 등 다양한 나라에
서 온 사람들은 그들이 잘 아는 요리를 나눴다. 문화를 경제적, 공간적
재생의 키워드로 삼은 함박마을은 고려인들의 음식문화를 살려 주요
가로를 중심으로 연수구의 위생과와 협업하여 "세계음식문화거리"를
조성하였다. 협업·공동의 문화 마케팅을 통해 현재 이곳에는 러시아

음식을 즐기려는 사람들이 방문하여 함박마을은 이색적인 음식문화를 즐기는 작은 명소로 알려지고 있다.

함박마을의 사례는 어떤 영역에 사는 사람들의 행위가 축적된 문화경관의 개념을 보여주는 대표적인 사례이다. 경관은 그저 도시계획자와 건설사의 의도에 의해 조감도적으로 만들어지는 것이 아니라, 그 안에 살고 있는 사람들의 상호작용으로 형성된다. 사람 간 상호작용과 일상적인 선택의 연속으로 문화적 다양성은 경관에 표현된다. 그림 4-9는 현재(2024년 1월) 함박마을의 경관이다. 환전소와 빵집 아써르티, 외국어로 된 간판들이 가득하다. 문화적인 기반이 경관을 형성하고, 사람이 찾는 매력적인 자원으로 작용하는 것이다.

3. 문화적 관점에서 경관계획의 필요성

1) 경관제도의 문화적 접근

문화적 관점에서 경관을 어떻게 바라볼 것인가, 이는 경관계획의 대상으로서 문화를 해석하려는 접근방식에 따라 그 내용이 달라질 수밖에 없다. 초기 경관 대상으로서의 문화는 다분히 예술적 측면, 즉 도시를 아름답게 표현하려는 인위적 행위를 중심으로 하였다면, 현재는 그곳에 살고 있는 주민들의 생활양식을 표현하는 일련의 과정까지를 포함하며 도시구조에 영향을 주는 요인으로서 더욱 강조되고 있다. 높아지는 중요성에 따라 문화는 단순히 정치적 목적이나 정책적 수단, 혹은 사회 분위기를 조장하려는 선동적 방법을 넘어서 도시계획 전반의 목표가 되거나, 도시경관의 주요 이슈로 다루어지기 시작했다. 하지만 역시 모호성과 주관적 한계를 어떻게 풀어낼 수 있는지에 대한 과제는 남아있다.

경관이란 단어는 일상생활에서 산이나 들, 강, 바다 등 자연이나 지역의 풍경을 표현하기 위해 '아름다운 경치' 등의 의미로 사용되기도 한다. 지리학에서는 기후, 지형, 토양 따위의 자연적 요소에 대하여 인간의 활동이 작용하여 만들어낸 지역의 통일된 특성으로 정의하고, 자연경관과 문화경관으로 구분한다. 〈경관법〉에서는 자연, 인공 요소 및 주민의 생활상 등으로 이루어진 일단(一團)의 지역 환경적 특징을 나타내는 것으로 규정[5]하며 시대와 사회가 추구하는 문화적 가치를 담고 있다. 그러나 바라보는 대상(景), 즉 풍경이나 경치를 어떤 생각이나 관점(觀)을 갖고 이해하는가에 대한 것은 다분히 작위적이고 주관적일 수밖에 없으며 이는 시각적 인식하는 과정은 사람마다 가진 생각이나 관점이 중요하게 작용하기 때문이다.

장소적 경관은 시간(Time)과 공간(Space)이 변수로 작용하여 인간의 가치관 변화와 기술 발전에 따라 인공적인 경관으로 변화한다. 인공적으로 만들어지는 경관은 시간과 공간, 장소의 연속성에 따라 변화하고, 가치관과 기술의 발전 등 사회문화적 요인에 의해 지속적으로 변화하는 성격을 갖는다.

그리스, 로마의 고대국가는 아크로폴리스, 아고라, 포럼, 식민도시, 상하수도망과 같은 대규모의 토목 경관을 중심으로 도시가 형성되었다. 중세도시는 성곽이나 성당, 식민주택 등을 중심으로 경관이 형성되

---

5) 경관법 제2조(정의), 시행 2019. 3. 14. 법률 제15460호.

었고, 산업혁명 이후에는 콘크리트, 철근, 엘리베이터 등의 기술발전
과 신소재의 발명으로 아파트나 고층 건물의 건조가 가능해짐에 따라
고층화하고 집약화되며 복잡해져 갔다. 경관을 관리대상으로 보고 정
책적인 차원에서 컨트롤을 위한 제도화의 필요성도 함께 대두되었으
나, 컨트롤 대상은 도시의 물리적 환경을 토대로 하는 한계를 지녔다.

문화경관이란 용어의 사용은 일본의 '오쿠이 후쿠타로(Okui Fukutaro,
1897년)'에서 시작되었는데(Yamagishi Takeshi, 1998: 45–49), 일정한 지
역의 평면적 또는 입체적 공간의 산출물로 경관을 정의하고, 자연경관
과 문화경관으로 분류하였다. 이후 영국은 대런던계획(Greater London
Development Plan, 1976)에서 경관을 "Landscape'로 표현하며 일반화하
였고, 미국은 도시미화시대(1980, City Beautiful Era)를 통해 도시공간
의 질서와 아름다운 이미지 형성을 추구하며 제도화되기 시작하였다.

이후 각 나라와 도시들은 단순히 외형적인 아름다움을 추구하기 위
한 목표를 넘어서 문화적 특성을 반영할 수 있는 경관제도를 마련하기
위하여 고유한 이미지, 자연, 지형, 풍토, 역사적 자원, 지속성과 다양
성, 창조성 등을 반영하며 제도를 발전시키고 있다.

미국은 도시경관의 질 향상을 목표로 역사환경의 보존, 도시특징의
보존 및 강화, 교통시스템 개선, 도시의 성장관리 등을 다루고 있으며,
영국은 기념물 보호, 역사 공간의 보존, 지구환경 정비 및 미화, 보존
및 재생에 의한 환경의 질 향상에 경관관리 방안이 집중되어 있다.
독일의 경관관리 주요 목표는 도시환경의 질적 향상, 문화재 보호 및
보전, 도시의 정체성 확보와 도시환경의 적극적인 조성 및 유지이며,
일본은 도시미화, 도시재생의 구현, 아름답고 정취 있는 시가지 조성,
역사적 자연경관 보존을 목표로 한다.

그림 4-10. 도시의 변화를 예측할 수 있는 도시모형도를 통해 체계적인 도시미래상 설정(영국)

체계적인 경관관리를 위한 법적·제도적 방안 마련은 인간의 가치관과 시대적 변화를 배경으로 하여 도시구조를 변화시킨다. 문화는 여러 형태로 도시구조에 적극적으로 관여하고 있으며, 도시디자인, 도시브랜드, 도시경관 계획에서도 주요한 목적이나 수단으로 활용되고 있다. 문화를 같은 시대 사람들의 생활양식 등이 반영된 인위적인 결과물이라고 정의하면, 도시의 문화적 배경을 시각화하려는 도시디자인 등도 중요한 문화적 도구로 활용될 수 있기 때문이다.

도시계획과 도시재생으로 이어지는 패러다임 속에서 문화적 관점에서 경관정책들은 도시를 지속가능하게 하는 수단이 되는 동시에 목표로서 도시발전과 상호작용하고 있다고 하겠다.

2) 문화의 중요성과 경관제도의 차별화

도시 정책은 시대를 반영할 수밖에 없다. 초기 경관계획은 경관을 컨트롤할 수 있는 대상으로서 관리하기 위해 수립되었다. 따라서 초기의 경관계획은 도시계획의 범주 안에서 관련된 규정들을 다루고 있었다. 공급자 위주 개발계획의 양적 성장을 뒷받침하기 위한 도시 관리적 측면의 경관제도가 우리나라에 도입된 것도 최근의 일이다.

1960년대의 경제성장을 목표로 급속한 도시개발이 이루어졌고, 7, 80년대에는 대도시 위주의 정책이 국토 불균형문제와 환경 문제의 근원으로 인식되기 시작하면서 시민의 삶의 질 향상을 위한 다양한 측면에서 방안을 모색하기 시작하였다. 이후, 경제성장 위주의 정책과 급속한 도시개발로 인한 역사·문화적 자원의 상실과 경관의 훼손을 반성하며 삶의 질 보호를 위한 수요자 중심의 문화적 다양성을 포함해야 한다는 의식으로 발전하였다.

2007년 우리나라 최초로 〈경관법〉이 제정되었지만, 관리수단 및 구속력이 없어 실효성이 미흡하다는 지적이 있었다. 이에 경관법은 경관심의 기능을 추가하여 경관관리의 실행력을 확보하는 방향으로 2014년 전면 개정되었다. 그러나 여전히 경관자원으로서 문화에 대한 지원과 주민참여 방안의 구체화, 정책적 유도 측면보다는 규제적인 관리 측면이 강조되었다는 내용적 한계를 지녔다.

신도시계획 혹은 기존 도시의 경관계획 수립 및 관리에서 문화에 대한 중요성을 인지하며 지속 가능한 도시로의 문화적 관계성이 중요 지표로 부각되고 있는 것도 최근의 일이다.

문화를 반영하는 경관에 대한 비중은 신도시 개발과 도시재생에서

그림 4-11. 남산경관보호를 위해 철거하는 외인아파트

다른 차원으로 다루어져야 한다. 계획적 관점에서 문화에 대한 경관적 고찰은 문화지구나 랜드마크 등을 조성하는 공급자 중심의 도시디자인적 측면에서 중요성이 강조될 수 있는 반면, 도시재생 및 조성 후 도시관리에서 측면에서는 주민참여를 통한 거버넌스가 문화의 생산자이자 수요자로서 고려되어야 하기 때문이다.

3) 문화경관과 참여경관의 대안

황기원은 〈경관의 해석〉에서 '경관은 인류와 자연 사이의 태곳적 관계가 도시, 상업, 기술로 인한 붕괴된 후에 등장하는 문화적 형식'이며 특정한 장소에 부여된 역사적·문화적 단서로 정의하고 있다.

문화는 도시의 하드웨어에 담아지는 내용물인 것을 넘어서 도시구조를 좌우하는 하나의 유기체로서 도시를 구성한다. 즉 도시와 문화의 상호작용을 통하여 도시가 변화하고 발전하며, 경관은 이러한 상호작

표 4-1. 도시재생의 주요관점 분류표

구 분	분 류	내 용
물리적 환경	기존구조물 활용	기존 건축물, 녹지, 시설물 활용
	친환경 기법적용	옥상녹화, 벽면녹화, 에너지 저감시설 설치, 친환경 자재사용, 그린 네트워크 형성
	생활환경개선	사회기반시설 및 교육시설 개선, 노후주거시설 개선, 공공공간확보, 도심 여가 공간제공, 교통시설 개선
사회문화적 요인	역사문화요소보존	역사적 공간 보존, 문화시설 확충
	지역 정체성 확립	지역의 특성 고려, 지역발전 고려
	주민참여	주민커뮤니티 조성, 주민참여 프로그램 여부
산업경제적 요인	도심 상주 인구확보	젊은 계층 유입촉진, 고령 인구를 위한 케어시설 확충
	도심 경제 활성화	복합상업시설 설치, 민관 경제적 협력체계구축
	산업시설확충	노후 산업구조 개선, 신규 산업시설 설치, 유휴산업시설 활용

용의 문화적 산출물로 해석될 수 있다는 것이다. 그러므로 경관을 시각적 만족을 추구하는 도시 디자인적 관점을 넘어서 인간의 삶이 반영된 문화적 관점에서 이해하려는 노력이 필요하다는 것이다.

경관의 모호성과 문화가 갖는 비물질성의 한계를 도시계획적 관점에서 극복하기 위해 문화를 어떻게 경관에 반영할 것인지 고민하는 것은 매우 어려운 과제이다. 그러나 적어도 문화에 의해 도시의 가치와 패러다임이 좌우되는 맥락을 고려했을 때, 경관적 측면에서 문화의 중요성은 다음과 같은 다섯 가지 관점으로 고려되어야 할 것이다.

첫째, 문화를 시각적 대상으로 삼는 도시 디자인적 관점에서만 국한하지 말고, 삶을 구현하는 총체적인 양식으로서 경관의 목표가 되어야 하고, 둘째, 모호한 경관의 한계를 시대적 공동체의 가치관으로 극복해야 하며, 셋째, 경관을 문화적 요인으로 구체화하여 다양한 분야에서 접근과 해석을 하여야 한다는 것이다. 넷째, 시민과 참여자들에 의해 구현되는 형식으로 주체적인 참여방안이 포함되어야 하고, 다섯째, 일방적인 정책의 규제적 내용보다는 유도와 권장을 통해 지원하는 방향으로 전개되어야 할 것이다.

이러한 문화적 접근방법의 근간은 경관이 지방 혹은 중앙정부에 의한 하향적(Top-Down) 접근이 아니라 시민의 적극적인 파트너쉽을 기반으로 한 상향적(Bottom-up) 접근으로 구성되어야 함을 시사한다. 현대의 도시는 복합적이고 다면적으로 구성되므로 더는 한 사람의 인물에 의해 발전되지 않는다. 그곳에 살지 않는 전문가의 일방적 계획에 따라 도시가 만들어지는 시대도 지났다. 이러한 시대적 변화는 신도시처럼 새로운 계획 중심으로 개발되는 도시나 기존의 도심에 새로운 기능을 부여하기 위한 도시재생 현장에서도 목격할 수 있다. 능동적인 참여의 주체가 될 수 있는 주민의 역할이 강조되면서 건축이든 도시계획이든 경관이든 전문가와 공공은 주민들을 찾아 나선다. 경관제도에서 시민 인식도 조사, 시민 공청회, 시민 서포터즈 등 시민의 의견을 수렴하는 창구를 적극적으로 운영하는 것도 이런 이유다.

문화를 배경으로 하는 경관계획은 주민참여를 통해 이루어지며 경관협정 등의 방안으로 구체화하고 있으나 실천적 대안으로서는 공공의 정책에 의존하기 때문에 여러 한계를 지니게 된다. 따라서 주민이 중심이 되는 거버넌스가 도시경관을 적극적으로 주도할 수 있도록 하기 위해선 다음과 같은 네 가지 측면에서 대안 마련이 필요할 것이다.

첫째, 참여자들의 주체적 참여방안의 구체화, 둘째, 의사결정 과정에서 합의를 위한 갈등관리의 체계화, 그리고 다양한 문화정책과 연계하여 문화자원을 생성하고 관리하는 문화경관의 위계화, 마지막으로 지속 가능한 거버넌스 구축을 통한 지원방안이 그것이다.

도시를 평가하는 항목에 그곳에 사는 사람들이 어떻게 도시에 참여하고 있는가에 대한 것이 살기 좋은 도시의 지표로 활용되기도 한다. 도시에 대한 시민의 참여는 결과적으로 시민의 삶의 질을 높일 수 있다. 자신의 지역에 대한 지식과 의견이 존중되는 제도는 그 자체로 만족감과 도시에 대한 애착을 낳는다. 이런 생활밀착, 공감의 시도는 결과적으로 도시의 문화적 가치를 확고히 한다. 문화는 다름 아닌 시민에 의해 형성되고, 강화되고, 발굴되기 때문이다. 따라서 우리는 도시에 존재하는 다양한 이해당사자들의 공감으로 형성되는 경관이라는 아젠다에서 한번 더 문화라는 가치를 강조해야 한다. 시민의 참여, 그리고 선택, 사용방법의 폭을 늘리는 방안을 통해 도시문화를 강조하는 경관, 도시경관에 더 가치를 부여하는 문화를 형성해야 하는 것이다. 도시가 문화적인 가치, 이미지를 갖는 것은 각 개체의 상호작용에 의해 일어나고, 이 상호작용과 관계형성 과정은 그 자체로 도시의 문화적인 가치가 되는 것이다.

그러나 현재 인천의 경관제도는 지역의 특성을 살릴 수 있는 시민참여형 경관계획을 추구하고 있지만, 아직 그 참여의 수준이 소극적이다. 시민참여 경관제도의 대표적인 예인 경관협정은 주도적인 참여가 거의 없다시피 하고, 공청회, 워크숍 등 다양한 의견수렴의 창구 역시 보편 시민의 의견을 충분히 수렴했다기엔 그 참여도가 소극적이고 편향적이다. 시민의 참여가 소극적이라는 뜻은 도시경관이 아무리 외연적으로 탄탄히 형성되어 있어도 문화적 가치가 약하다는 의미이다. 경관에 대한 통합적인 인식과 애착의 형성은 결과적으로 도시경관의 지속가능성을 만들어낸다. 소극적인 참여에서 적극적 참여자로 변화할 방안에 대한 구체화가 필요한 시점이다.

제5장

인천 경제자유구역과
원도심의 경관관리의 성과와 과제

1. 사회, 경제, 문화적 관점

인간중심적 접근의 필요성

최근 소수의 전문가가 만드는 개발중심 도시계획에서 시민이 참여하는 협력적 계획, 지속가능한 도시개발로 패러다임이 변화하면서, 시민 개개인의 삶의 질을 높이는 도시에 대한 과제가 중요하게 대두되었다. 새롭게 대규모 개발을 정부주도로 진행하기보다는 현존하는 중요한 역사·문화·자원을 시민의 공감대를 고려해 발굴하고, 보존해 도시의 이미지를 고도화시키는 방향으로 변환되는 것이다. 이 새로운 방향의 도시과제와 함께 경관이라는 개념이 중요해졌다. 경관은 단순히 도시의 미관개선을 뜻하지 않는다. 인간이라는 존재가 명확한 시각의 주체가 되고, 그 주체가 보는 대상인 도시의 외연을 주체의 시각을 통해 형성하고, 관리하고, 규제하고, 특화하는 것이다. 따라서 도시의 외연 그 자체보다 인간, 즉 시민의 인식이 중요하다. 이러한 시민 개개인의 중요성은 곧 르페브르(Lefebvre)가 말하는 도시권(The right to the city) 개념과도 연결된다. 도시를 인간이 공동으로 만드는 집합적 공공재이자 작품으로 파악하는 '작품으로서 도시에 대한 권리', 계획자가 정한 공간의 교환가치보다 시민 개개인이 도시공간을 사용하는 방법과 그 가치를 우선하여 도시의 의미를 결정하는 '전유의 권리', 도시공간의 생산 등 의사결정에 권한을 갖는 '참여의 권리'는 현대와 미래 도시계획에서 중요한 가치로 여겨지고 있다. 이러한 도시권 개념과 함께, 도시경관은 시민의 참여와 선택, 사용을 고려해 공감대를 형성하는 방식을 추구하고 있다.

이러한 인간중심적 접근은 경관의 사회·문화적 성격을 더욱 강화한다. 문화적 관점에서 인천의 경관은 그 브랜드를 형성하기 위해 부단히 노력하고 있다. 2018년, 인천의 자연경관과 역사문화자원에서 색채를 추출해 상징화 하는 작업을 진행하였고, 표준 디자인 사업을 통해 인천광역시 내 각 시설물의 디자인 표준형을 개발, 일관성 있는 도시경관의 브랜드를 가져가기 위해 형태, 재질, 폰트까지 관리하고 있다. 특정 도시의 브랜드는 도시경관을 구성하는 다양한 요소에 의해 결정되며, 하나의 거대한 경쟁력이자 문화자원이 된다. 도시에서 일어나는 결정 행위는 공간을 사용하는 인간의 선택과 결정이므로 도시의 외연의 형성에 영향을 준다. 특정 공간을 어떻게 사용할 것인지는 도시계획가나 행정가가 결정하는 것이 아니라 시민의 경제적이고 문화적인 선택으로 결정된다. 어떤 도시가 특정한 이미지를 갖는 과정은 이러한 도시경관과 시민의 상호작용을 통해 경관은 그 자체로 문화적 영향력을 지닌다.

인천의 경관적인 특징으로는 신도시인 경제자유구역과 원도심이라는 상반된 경관이 공존하고, 수변자원을 다수 보유하고 있다는 것이다. 신도시는 조성 초기부터 경관적 규제와 유도방안 시작되어 고층의 도심 스카이라인과 세련된 외장재, 적절한 녹지분포를 가지고 있는 반면,

그림 5-1. 인천 중구 자유공원에서의 조망

원도심은 지역의 역사에 따라 경관적 성격이 천차만별인 특징을 보인다. 인천의 경관 이미지의 상당 부분을 차지하는 수변경관은 대부분의 면적이 공업지대로 막혀있어 시민에게 개방되지 못한 현황이다. 도심을 흐르는 많은 하천이 복개사업을 통해 콘크리트 아래로 지나가고 있어, 수변자원의 풍부함에도 불구하고 긍정적인 경관이미지로 치환되지는 못했다.

　신도시와 원도심이라는 도시 이미지의 이분화된 경계를 허물고, 도

그림 5-2. 강화도 바다의 전경

시가 다중적인 이미지를 가진다는 뜻은 경관관리의 어려움을 의미하는 동시에 다양한 조합으로 나아갈 수 있는 잠재력을 뜻한다. 이러한 조합 은 지자체의 결정으로는 이루어지지 못한다. 시민이 가지는 경관에 대한 인식도를 통해 지역이 가지고 있는 긍정적인 이미지를 창출해야 하는 것이다. 이 긍정적인 이미지는 도시의 외관을 체험하는 시민의 경험으로 형성된다. 어떤 공간에서 어떤 활동을 할 수 있는가?라는 프로그램에 대한 고민이 경관의 또 다른 과제가 되는 것은 이 때문이다.

도시경관에 문화적 활력을 부여하기 위해서는 시민이 도시를 즐겨야 한다. 즐기기 위해서는 도시가 다양하고 긍정적인 활동이 가능한 공간 이어야 한다. 이 가능성의 공간이라는 개념은 세넷(Sennett)이 말하는 '닫힌 형태의 도시' 개념을 통해 이해할 수 있다. 송도 스마트시티라는 신도시의 선도적 이미지에도 불구하고, 하향적 의사결정 방식으로 구 획화되어 조성된 송도는 그에 의하면 새로운 활동의 가능성이 거의 없는 '닫힌 형태의 도시'인 것이다. 물론 그의 연구진이 송도에 다녀간 이후로 시간이 많이 지나면서 시민의 공간 사용방안이 보다 다양해지 고, 도시의 문화적 기틀도 많이 발전했다. 그러나 커뮤니티의 형성, 도시경험의 다양성 측면에서는 여전히 단조롭고 제한적이라는 이미지 를 가져가고 있다.

수많은 도시들이 각자의 브랜드를 형성하고 도시애착심을 높이기 위 해 고군분투하는 가운데, 가장 중요한 화두는 도시가 장소성을 확보하 는 것이라 강조하고 싶다. 도시의 브랜드를 형성하기 위해서는 전문지 식을 통해 구현되는 물리적인 개선도 매우 중요하지만, 그보다 더 중요 한 것은 장소성과 함께 도시민이 공간을 어떻게 사용할지에 대한 선택 권의 폭을 다양화하는 것이 중요하다는 것이다. 인간은 도시를 경험하 고, 나아가 의사결정에 참여하는 방식에서 도시에 대한 더 깊은 애착을 느낀다. 따라서 도시에 대한 애착이라는 브랜드 목표를 달성하기 위해 서는 시민의 다양한 행동방식을 적극 고려하고, 선택의 폭을 다양화 시키는 포용적인 경관계획이 필요하다. 포용적인 경관계획을 통해 도시 권에 대한 관심과 시민의 공간을 사용하는 다양한 주체적인 방식을 연 구하는 것 역시 인천시가 목도한 도시경관의 문화적 과제일 것이다.

실제적인 경관의 경제적 가치에 관한 관심

경관의 경제적 가치에 대한 본격적인 평가는 1970년대 비로소 시작해서 역사가 일천하나 중요성은 더 강조되고 있는 현실이다. 유럽경관협약은 경관에 대한 경제적 가치 평가의 서막을 열어주고 기본 틀을 제공하였다. 아울러 경제학 이론이 다양한 분야에 응용되면서 경제적 가치평가의 활용성이 검증되었고 널리 기본적 이론의 틀이 제공되었다. 이에 기초하여 방법론과 기법이 발전하면서 공공정책에서 그 활용도가 높아졌다. 공공정책 타당성 평가와 대안의 선택 등과 관련해서 필수 절차로서 요구되기도 할 정도로 그 중요성과 활용성이 강조되고 있다. 이러한 경제적 가치평가의 광범위한 활용은 경관 분야에서도 예외 없이 다소 늦었지만 강조되면서 본격적으로 활발하게 논의되고 있다.

이와 같은 경관 분야에서의 높은 관심을 두고 본격적으로 연구분석이 활발하게 논의되기 시작한 계기는 경관이 갖는 특성으로 설명할 수 있다. 경관은 전체적인 현상을 나타내는 공간적 실체로서 토지와 근본적으로 다르다. 토지와 다르게 관찰자인 인간이 실체적 모습을 관찰한 후 주관적으로 각 요소에 대한 선호도를 부여한 결과이다. 경관의 요소를 단순히 집합한 것이 아니라 그 이상을 의미하는 전체적인 실체로 인간 전체 생태체계를 구성하는 총체로서 복합성의 특성을 보인다. 경관 생태계는 공간구조와 생태 과정이 상호복합 작용하면서 끊임없이 변화하는 동적인 실체이다.

경관에 대한 경제적 접근의 중요성과 밀접한 관계를 갖는 것은 경관 재화의 특성이다. 경관은 총체적 실체로서 일반적으로 사용과 소유에서 경합성과 배제성이 없는 공공재이다. 사적 이익보다 공공의 이익을 위한 경관계획 및 관리의 정부 개입의 정당성이 있어 최적의 개입 효과를 도출하기 위해서 면밀한 경제적 접근이 요구되고 있고 날고 그 비중을 커지고 있다. 또한 공공재로서 경관은 외부효과의 특성이 있어 개별 경제 주체들이 편익과 비용에 대해 대가를 부여할 수 없어 자유시장에서 자유롭게 거래를 형성하지 못한다. 따라서 사회적으로 최적의 경관 수준을 유지 못 하는 문제를 효율적으로 해결하는 방법으로서 경제적 가치 평가는 필수적으로 요구하게 된다.

경관은 사용에 있어서 배제성은 없으나 때에 따라서 경합성을 띠는 특성도 있다. 아름답고 편안한 도시공원은 누구나 즐길 수 있지만 한꺼번에 모두 공원으로 오게 되면 본질적인 공원의 기능을 상실하게 된다. 이를 경제학에서는 '공유재의 비극'이라고 정의하면서 정부 시장개입의 정당성으로 설명한다. 이럴 때 최적의 규모와 이용 한도를 설정하거나 적정요금을 부과하여 최적의 경관 효율성을 추구하기 위해서도 경관의 경제적 가치 평가는 매우 중요한 역할을 한다.

이와 같은 경관에 대한 경제적 가치 평가의 필요성과 중요성에 따라 최근 활발하게 연구가 진행되고 발전되어온 경제적 접근방법 3가지를 자세히 소개하였다. 경제학 이론의 발전과 응용에 힘입어 이론적 배경이 충분히 뒷받침된 성과이다. 각 접근방법은 공통으로 미시경제학의 기본 개념인 효용이론을 기반으로 하고 있기에 논란의 여지없이 탄탄한 이론적 배경을 갖고 있다. 효용이론에 기반하여 소비자 선택 이론 등과 같은 추가적인 세부 미시경제학의 이론을 바탕으로 하고 있어 기법의 실제 응용과 분석 결과에 대한 해석과 정책평가 등의 활용에 있어서 이론의 여지없이 수용하는 데 매우 유용하다.

3가지 평가법은 공통으로 시장에서 가격이 결정되지 않는 경관에 대해 대안적으로 설문 등을 통해 경제적 가치를 추정하는 것이다. 조건부평가법은 각 개인이 경관과 같은 공공재의 이용과 관련된 의사 결정을 해야 할 조건을 가상적으로 설정한 후, 이 조건에서 각 개인이 어떤 선택을 할 것인가를 설문지를 통해서 조사하여 그 가치를 평가하는 기법이다. 비시장 재화의 가치에 대해 존재 가치와 이타적인 간접적 혜택까지 총체적으로 정량적 추정치를 생성하는 기본적인 장점이 있다. 그러나 기법의 활용에서 유의할 여러 단점도 있어 세밀한 연구 설계와 진행이 요구된다.

조건부평가법과 이론적 배경이 유사한 기법인 선택실험법은 가상 시나리오에서 개인의 선택을 끌어냄으로써 사람들이 기꺼이 하는 절충에 대한 귀중한 통찰력을 제공하여 정책 입안자나 전문가가 재화 개발, 가격 책정, 자원 할당 및 정책 설계에서 더 많은 정보에 입각한 결정을 내릴 수 있도록 돕는 기법이다. 경관을 구성하는 요소들의 속성을 식별하고 속성에 대한 각기 다른 값을 부여하여 선택의 조합을 구성하고 일련의 선택을 요청함으로써 각기 다른 속성에 대한 선호도와 장단점을 분석할 수 있다.

선택실험법은 각 개인의 다양한 속성 수준의 조합에 대한 만족도 또는 선호도를 나타내는 효용함수에 기초하여 선택모형으로서 로짓모형을 이용하여 특정 대안을 선택하는 개인의 확률을 추정한다. 이 결과 응답자의 선택에 영향을 미치는 속성과 해당 수준을 추정하여 상대적 중요성에 대한 통찰력을 구할 수 있다. 이 기법 응답자에게 실제 의사 결정 상황과 매우 유사한 현실적인 선택 시나리오를 제시함으로써 비교적 매우 현실적인 결정 시나리오를 활용하는 장점이 있다. 따라서 결과의 적용 타당성을 높이고 연구자들이 개인이 현실 세계에서 선택하는 방법을 포착할 수 있게 한다. 그러나 선택 실험 설계는 개인의 선호도를 효율적이고 편견 없이 추정할 수 있도록 신중한 조사 설계 및 검증 기술을 통해 진행하여야 하는 유의점도 있다.

앞서 두 기법과 공통적인 이론적 배경을 가지고 있으나 다소 차이를 보이는 기법으로 헤도닉 가격법이 있다. 이 기법은 재화나 서비스의 가치는 본질적인 것이 아니라 개별 소비자에게 가져다주는 만족과 행복에서 파생된다는 것이다. 재화의 전체 가치를 개별 속성의 가치로 분해하여 항목의 전체 가치를 결정하는 데 어떤 속성이 더 큰 영향을 미치는지 분석하여 이해하는 것을 목표로 한다. 실제 분석에서 개별 속성의 가치를 추정하기 위해 헤도닉 가격 책정 모형을 사용하는데 실제 시장 거래 데이터를 분석하여 속성 수준의 변화가 항목의 가격 또는 가치에 어떤 영향을 미치는지 확인할 수 있다.

이 기법은 실제 거래 재화의 시장균형가격을 이용하여 경관의 가치와 편익을 분석하여 강력한 실증적 자료를 제공함으로써 현실성이 높다는 장점이 있어 최근에 활발하게 활용되고 있다. 빅데이터 등을 이용하여 소비자 선호도, 시장 추세 및 외부 요인의 변화를 반영함으로써 수요 및 공급 조건의 변화를 규명할 수 있고, 시장 가격과 통계 분석에 의존함으로써 속성의 가치를 투명하게 추정하고 체계적으로 설명할 수 있다. 그러나 실제에서 장점이 많으나 데이터의 한계와 미래 예측의 한계 등의 단점이 있음을 유의할 필요가 있다.

선행 연구고찰을 통해서 각 기법을 활용하여 실제 분석한 대표적인 사례를 각각 소개하였다. 전체적으로 실제 활용이 다양한 분야에서 각 기법이 적용되고 있으나 경관 분야에서는 매우 한정적으로 초기의 도입과정이라 해석할 수 있다. 경관 분야에서도 오늘날 광범위하게 인식되고 정의되는 경관을 전체적으로 다룬 연구는 전혀 없으며 단편적으로 분석하고 있다. 이러한 실정은 향후 경관에 대한 경제적 접근의 무한한 연구과제를 제시하는 것으로 받아들일 수 있다. 응용 분석의 범위를 광범위하게 확대하여 활용할 여지를 보여주고 있고 그 가능성을 제시하고 있는 것이다. 특정 경관시설물의 지불용의나 편익 또는 비용의 분석에서 벗어나 도시공간 전체에 영향을 미치는 총체적인 경관의 경제적 가치 평가에 대해 적극적으로 활용할 필요가 있다. 단일사업의 타당성보다 정책 전반의 과정에서 나타나는 경관효과의 분석에서 활용되어야 한다. 또한 공공정책의 사전에서부터 사후관리 평가에서도 확대 여지가 많다.

최근에는 빅데이터와 머신러닝 등의 통계 기법이 발전되어 응용되고 있어 경제적 접근방법의 활용 가능성은 광범위하게 확대되고 있다. 자료 구득의 용이성과 통계 기법의 고도화로 효율성이 높아지고 있어 경관의 경제적 접근은 그 영역이 무한히 확대될 수 있다. 이러한 발전의 경향에서 경관계획가나 전문가들은 새로운 영역의 확대 발전에 능동적으로 대처하는 모습이 필요하다.

2. 계획, 규제, 유도의 관리적 측면

경관이라는 아젠다가 도시의 질적 가치와 도시에 대한 인간의 능동성을 강조하기 시작하면서 대한민국, 그리고 인천광역시에도 경관에 대한 관심도가 높아졌다. 특히 인천의 경관행정은 국토부의 상을 반복해서 받을 정도로 고도화되어 있다. 광역 경관계획은 2023년에 이미두 번째 재정비하며 2040년을 바라보고 있고, 특정 경관계획 역시 그 기반을 다져 놓았다.

경관계획이 본격적으로 도입되기 전 시민들이 생각하는 대표적인 경관 이미지는 공업도시, 국제도시, 해양도시, 정주도시, 역사와 문화의 도시였다. 공업도시라는 이미지는 인천의 도시발전사와 함께 지속적으로 인지되었다. 인천이 가진 수변경관자원 역시 공장단지에 점령되어 친수공간, 매력적인 바다경관이라는 이미지보다는 공업경관이라는 인식을 만들어 냈다. 자연과 함께하는 도시, 국제도시 이미지를 추구하는 현재의 인천에게 공업도시라는 이미지는 탈피하고 싶은 부정적인 인식이다. 공업도시라는 이미지를 인천이 추구하는 국제도시, 해양도시, 역사와 문화도시로 변화시키는 것은 자연스럽게 초기 인천 도시경관의 미래상이 되었다.

이러한 경관계획의 미래상은 2017년 첫 번째 재정비를 하며 '함께 꿈꾸는 미래유산, 인천경관'으로 발전했다. 이는 도시행정의 패러다임이 변화하는 과정에서 시민의 적극적인 참여, 경관 소통을 강조한 결과이다. 이렇게 정비된 2030 인천광역시 경관계획은 새로운 경관자원을 형성하기보다는 자원을 관리해 인천의 경관 이미지를 강화하는 기제가 되었다. 두 번째 재정비인 2040 인천광역시 경관계획의 미래상은 2030의 '함께 꿈꾸는 미래유산 인천경관'을 유지하면서 이를 보다 효과적으로 구현할 수 있도록 세부전략을 계획하는 방향으로 조정하며, 경관행정의 실행력에 초점을 맞추었다. 경관위원회의 운영지침 고도화, 중복된 경관관리제도의 통합화, 경관행정조직 보강 등의 제안과 함께 제도의 실효성을 강화하고자 한 것이다. 이 역시 시민이 도시경관의 중요성을 체감할 수 있도록 시민참여제도를 제안한다. 광역계획

뿐만 아니라 위계상 하위 행정구역 역시 경관행정의 큰 틀을 만들었고, 또 만들고 있다. 경관법이 개정되면서 군·구 단위 경관계획 수립이 가능해짐에 따라 인천광역시 내 존재하는 구 대다수가 경관조례와 경관계획을 수립했다. 2023년 12월을 기준으로 IFEZ, 중구, 동구, 서구, 연수구, 남동구가 경관계획을 수립했으며, 미추홀구는 수립 중에 있다. 경관 조례의 경우 동구, 서구, 미추홀구, 연수구, 부평구, 계양구가 제정했으며, 자체적인 경관심의 제도를 운영하는 구도 있다. 이러한 하위 행정구역의 경관계획은 광역 경관계획과 함께 경관행정의 정밀도를 높이고 있다.

인천광역시 내 수립된 많은 경관관련 계획은 경관자원에 대한 학술적인 평가, 시민의 경관인식도를 확인하는 지식적 기반 역할과 함께, 경관형성에 관여하는 수많은 참여자에게 규제와 유도의 장치로써 인천이 추구하는 도시경관의 방향성을 인지시킨다. 실제로 경관사업계획을 수립할 때 경관관련 계획은 상위계획으로 작용하여 그 계획 내용을 사업계획에 반영하게 되어있다.

경관계획이 인천시 경관의 큰 방향과 목표를 설정하면, 효과적인 경관제도 운영과 시민의 인지도를 높이기 위해 세부적인 경관행정 및 정책들이 제안되고 운영된다. 협력적 계획 패러다임에 따른 시민참여 제도로 시민이 자체적으로 경관에 관한 규약을 제안하는 경관협정, 일상적인 경관의 변화를 기록해 시민 체감도를 높이는 경관 아카이빙, GIS, 3D 시뮬레이션 기능 등 스마트 기술을 도입한 경관 플랫폼 등이 그 대표적인 예이다. 시민과 소통하고 경관행정을 고도화하기 위한 노력인 것이다.

실제로 이러한 경관계획의 수립, 경관행정의 고도화는 얼마간 인천광역시의 도시경관을 성과로 이끌었다. 경관심의를 통해 무분별한 개발사업을 방지하고 가치 있는 경관자원의 훼손을 방지하였으며, 전략적으로 경관 형성 및 특화가 필요한 구간에서는 해당 지역의 이미지를 형성할 수 있도록 건축물의 색상, 재질 등의 계획이 구현되었다. 각 군·구에서 운영하는 경관 사업은 축 계획을 고려해 연속적으로 인지될 수 있게 계획되도록 유도하기도 했다. 야간경관의 경우 주거지구의 빛 공해를 방지하도록 규제방안을 제시하고, 상업지구 등 특화하는 구간의 이미지는 강조될 수 있도록 마스터플랜이 작동된다. 인천 화수부두는 야간경관 사업을 통해 기전 공장단지 옆 쇠퇴한 부두라는 인식에서 빛의 항구라는 이미지를 얻게 되었다. 경관계획과 유도, 규제의 메커니즘은 실제의 경관으로 구현이 되는 것이다.

그러나 많은 행정적 노력에도 불구하고, 또 실제로 구현된 계획의 현신에도 불구하고, 인천 시민의 경관 참여도와 경관인지도 및 애착은 그만큼 여물지는 못했다. 경관은 시민의 삶의 공간, 장소성과 깊은 연관을 맺기 때문에 시민의 일상적 관심과 참여가 중요하다. 그러나 시민이 주도해야만 하는 경관제도인 경관협정, 경관 서포터즈 같은 경우 참여와 성과가 미비한 실정이다. 협정은 자율적으로 운영되는 경우가 거의 없으며, 여러 방면으로 홍보를 했지만, 시민의 공감대 형성에는 실패했다고 평가할 수 있다. 서포터즈와 같은 협력시스템 역시 그 참여자의 통계적 구성이 다양성을 확보하지 못했다는 점에서 그 효과가 미비하다. 시민의 경관행정 참여와 관심 없이는 경관의 유지관리는 점점 더 어려워진다. 더욱 다양한 방식의 의사소통 방식이 필요한 이유다.

시민과 경관행정의 의사소통을 어렵게 하는 큰 이유 중 하나는 지자체의 경관행정 방향이 정치적인 관심사에 따라 변화를 겪는 것이 있다.

그림 5-3. 인천광역시 3차원 베이스맵
(출처: 인천광역시 공간정보 플랫폼 https://smart.incheon.go.kr/portal)

경관은 단기사업으로 형성되는 것이 아니라 단계적으로 천천히 형성되는 장기적인 과제이다. 그 과제는 연속된 방향성으로 일관성 있게 형성되었을 때 민간의 창의성과 함께 긍정적인 도시 이미지를 형성한다. 그러나 경관이라는 장기적인 과제가 정치적 관심에 따라 많은 변경을 겪는 국내의 현황은 도시경관의 거시적 목표달성과 시민의 지속적인 애착 형성에 장애가 된다. 어떤 시기에는 이러한 디자인이, 다른 시기에는 또 다른 디자인이 선호된다거나, 어떤 시기에는 특정한 경관제도가 운영되고, 다른 시기에는 또 다른 경관제도가 운영된다면 시민의 경관에 대한 연속적인 신뢰와 정보형성은 실패할 것이다. 행정 및 정치의 메커니즘에 따라 경관의 정책 방향과 제안이 단기적으로 유동한다면 장기적인 도시의 미학을 만드는 경관이 형성되기는 요원해 보인다.

또 다른 이유로는 경관 관련 계획들이 너무 많고, 도서가 필요 이상으로 길다는 것도 하나의 장애가 된다. 경관, 도시, 건축의 전문가가 아닌 일반 시민과 사업자의 시각에서는, 기본적으로 200~300페이지가 넘는 경관계획과 거기에 추가되는 100페이지를 넘는 경관가이드라인에 접근할 엄두조차 내지 못하는 것이다. 그 장벽을 넘어 도서를 열어보면 상황은 더 심각해진다. 수많은 활자는 전문적인 용어로 이루어져 있고, 전문적인 도각들은 시민의 삶과 너무 먼 거리에 있는 것만 같다. 타국의 많은 경관시책들이 30~50페이지의 책자로 이루어진 것과는 대조적이다. 어떤 지역의 경관계획은 영어로 된 전문용어가 풀이 없이 사용되기도 한다. 이런 이유로 경관 사업 현장의 많은 전문가조차 기본계획이나 가이드라인을 통해 체크리스트를 검토하는 것에도 부담을 느낀다. 모든 정보 값을 한 곳에 넣기 위해 취합한 두꺼운 책자는 적극적으로 사용되는 계획이라기보다는 '보여주기식' 계획으로 작동할 수 있는 것이다.

경관에 대한 인식도를 높이고, 시민이 경관행정에 애착을 갖고 참여하는 것을 유도하기 위해서는 행정과 시민의 의사소통방식이 중요하다. 아무리 오랜 시간을 들여 많은 데이터와 고도화된 계획을 담을지언정 시민이 이를 보고 공감하지 않으면 의미가 없다. 경관행정이라는 전문적 분야에 이해하기 쉽고 다양한 창구가 더욱 많이 있어야 하는 이유다. 그중에서도 경관계획은 각 지자체의 경관행정에 방향성을 시민에게 전달하는 상위의 의사소통 창구이다. 앞으로 어떻게 이 도시의 외연을 꾸려나가고, 도시의 자원들을 어떻게 관리할 것이고, 어떤 문화적 가치를 도시 이미지로 이끌 것인지 보여주는 지표와 같은 것이다. 따라서 경관계획을 효과적으로 전달할 다양한 창구는 시민의 경관 인식도와 체감도를 높일 수 있는 장치가 된다. 현재 존재하는 주요한 경관계획 창구는 계획과정에서의 일부 시민의 서포터즈적 성격의 참여와 공청회, 그리고 발간된 도서 정도이다. 서포터즈는 매우 소수의 시민이 참여하며, 공청회의 경우 경관관련 업무를 하는 전문가의 참여 비율이 더 높다. 발간된 도서는 앞서 언급한 바와 같이 전문가에게도 어렵게 느껴진다.

싱가포르의 경우 도시의 내 외부를 관통하는 도시 전시관을 운영하며, 도시 전체의 스카이라인 통경축, 배치 등을 체감할 수 있도록 다양한 상호작용형(Interactive) 전시 프로그램을 제공한다. 또한, 시민의 삶과 직결된 도시 아젠다의 설정과 이를 쉽고 흥미롭게 전달하는 소식지처럼 단계적인 창구를 가지고 있다. 도시와 경관에 대한 전문지식 여부와 관심도에 따라 교육, 참여, 정보전달 등 정보전달의 단계를 세분화한 것이다. 이러한 시민 맞춤형 전략은 근본적으로 도시경관에 대한 인식의 문턱을 낮추고, 쉽게 관심도를 높이게 유도한다.

계획, 규제, 유도를 포함하는 경관제도가 연속성과 안정성을 갖고 소통의 창구를 다양화한다면, 시민의 경관행정에 대한 신뢰도가 높아짐과 함께 행정이 정한 목표에 더욱 공감할 수 있을 것이다. 현재 인천광역시의 경관행정은 그 제도적 기반이 탄탄한 상황이다. 이제 각 구성원이 공감할 수 있는 밀도 높고 세부적인 정책이 필요한 단계이다. 다시 한번 강조하지만, 경관은 장기적으로 형성되는 축적의 미학임과 동시에 공공, 민간, 전문가가 함께 만드는 공감의 과정이다. 이러한 경관에 대한 이해와 함께 인천 경관의 섬세한 고도화가 구현되리라 기대한다.

참고문헌

Bishop, Richard C·Donato Romano(2012). *Environmental Resource Valuation: Applications of the Contingent Valuation Method in Italy.* Boston: Kluwer Academic.

Chauncey, G.(1995). *Gay New York: Gender, Urban Culture, and the Making of the Gay Male World, 1890-1940.* Basic Books.

Derrida, J.(1996). *Archive fever: A Freudian impression.* University of Chicago Press.

Duelund, P. (2008). Nordic cultural policies: A critical view. *International Journal of Cultural Policy : CP,* 14(1), 7-24.

Edgeworth, M.(2016). Phenomenology of landscapes and taskscapes in excavation archives. *Norwegian Archaeological Review,* 49(1), 26-29.

Garrod, Guy·Kenneth G. Willis(1998). *Economic Valuation of the Environment.* Cheltenham: Edward Elgar.

Giddens, A.(2013). *The Constitution of Society.* Polity. Ebook.

Hanemann, M.(1984), Welfare Evaluations in Contingent Valuation Experiments with Dicrete Responses, *American Jounal of Agricultureal Economics,* 67(3), 332-341.

Harari, Y.(2017). *Homo Deus : A Brief History of Tomorrow.* New York, NY : Harper.

Heide.C. Martijn Van der·Wim J.M. Heijman(2014). *The Economic Value of Landscapes.* Milton park: Routledge.

Ingold, T.(1993). The Temporality of the Landscape. *World Archaeology*, 25 (2), 152-174.

Lury, C.(2002). The objects of travel. In C. Rojek & J. Urry (eds.), *Touring Culture*, 75-95.

Suzuki, M. et al.(2023), The Economic Value of Urban Landscapes in a Suburban City of Tokyo, Japan: A Semantic Segmentation Approach Using Google Street View Images, *Journal of Asian Architecture and Building Engineering*, 22(3), 1110-1125.

Venkatachalam, L.(2004), The Contingent Valuation Method: a review, *Environmental Impact Assessment Review*, 24(2004), 89-124.

West, Geoffrey B.(2017). *Scale : The Universal Laws of Growth, Innovation, Sustainability, and the pace of Life in Organisms, Cities, Economies, and Companies*. New York : Penguin Press.

Yamagishi Takeshi(1998). 「奥井復太郎の総合観と都市景観論」, 『三田社会学』, 3, 45-49.

그레고리 스미스사이먼(2013). 『9·12 : 9·11 이후 뉴욕 엘리트들의 도시재개발 전쟁』, 권민정, 역, 파주: 글항아리.

게오르그 짐멜(2005). 『짐멜의 모더니티 읽기』, 김덕영 & 윤미애 역(이 책은 짐멜이 Die Zeit, Der Morgen 등의 잡지에 발표한 글들과 그의 저서 『사회학. 사회화 형식들 연구』에 수록된 글을 선별하여 옮겨 편한 것임). 서울: 새물결.

국토교통부(2012). 『경관계획 수립지침』.

국토교통부(2015). 『제 1차 경관정책 기본계획』.

국토교통부(2018). 『경관법』.

국토교통부(2020). 『제 2차 경관정책 기본계획』.

국토교통부(2022). 『건축법』.

김미영·김지희(2018). 「인스타그램(Instagram)을 통해 본 과시적 자기표현 공간으로서 서울 고급호텔」, 『서울도시연구』 19(1), 서울연구원.

김민동(2018). 「우리 문화재보호법에 문화적 경관 개념의 도입-이탈리아 문화재

및 경관법에서의 경관 개념을 중심으로」, 『일감법학』 41, 건국대학교 법학
　　연구소, 47-72.

김석영·이번송·홍성효(2022). 『오설리반의 도시경제학』, 서울: 박영사.

김영환·최정우·오덕성(2003). 「성장관리형 도심재생의 기본전략 및 계획요소」,
　　『국토계획』 38(3), 대한국토·도시계획학회, 85-97.

김용하(1994). 「인천도시형성사② 인천의 도시로서의 성장」, 『황해문화』 4, 새얼
　　문화재단, 226-261.

김한배(2020). 「낭만주의 도시경관 담론의 계보연구」, 『한국경관학회지』 12(2),
　　한국경관학회, 85-106.

김홍순(2006). 「뉴어바니즘의 실제: 미국 켄틀랜즈의 사례」, 『국토연구』 51, 국토
　　연구원, 109-130.

김홍중(2005). 「문화사회학과 풍경(風景)의 문제」, 『사회와이론』, 한국이론사회학
　　회, 129-167.

권오상(2020). 『환경경제학』, 서울: 박영사.

나단 쉐드로프 (2004). 『경험디자인』, 이병주 역, 서울: 안그라픽스.

나카무라 교시오(2007). 『풍경의 쾌락』, 강영조 역, 파주: 효형출판.

도린 매시(2016). 『공간을 위하여』, 박경환 & 이영민 & 이용균, 역, 서울: 심산.

두경일·박준우(2011). 「사용자 중심 디자인에 따른 효율적 정보 시각화에 관한
　　연구 - 금융권 웹 컨텐츠를 중심으로」, 『디자인지식저널』 17, 117-126.

대한국토·도시계획학회(2008). 『도시계획론』, 서울: 보성각.

데이비드 하비(2019). 『모더니티의 수도, 파리: 자본이 만든 메트로폴리스 1830-
　　1871』, 김병화 역, 파주: 글항아리.

리처드 세넷(2020). 『짓기와 거주하기: 도시를 위한 윤리』, 김병화 역, 파주: 김영사.

마순자(2003). 『자연, 풍경 그리고 인간』, 파주: 아카넷.

미셸 푸코(2020). 『감시와 처벌: 감옥의 탄생』, 오생근 역, 서울: 나남.

문선욱(2008). 「뉴어바니즘의 도시디자인과 공공성」, 『한국디자인포럼』 21, 한국
　　디자인트렌드학회, 131-140.

문윤석·이정아·전진형·박호정(2009). 「도시 녹지경관의 경제적 가치평가 - 독립
　　공원을 중심으로」, 『한국조경학회지』 37(2), 한국조경학회, 70-77.

박근현·배정한(2013). 「담론과 자본으로서의 경관-도시경관의 정치·경제적 해석을 위한 이론적 틀」, 『한국조경학회지』 41(6), 한국조경학회, 117-128.

박명희·양승우(2014). 「인터넷사진을 활용한 서울 도심부 경관자원 및 조망점 분석」, 『서울도시연구』 15(1), 서울연구원, 51-68.

박찬열·송화성(2018). 「선택실험법을 활용한 지역공원의 관광자원 가치 추정」, 『지방정부연구』 22(3), 한국지방정부학회, 343-360.

박환재(2019). 『새 환경경제학』, 서울: 비앤엠북스.

발터 벤야민(2007). 『기술복제시대의 예술작품: 사진의 작은 역사 외』, 최성만 역, 서울: 길.

볼프강 쉬벨부쉬(1999). 『철도여행의 역사: 철도는 시간과 공간을 어떻게 변화시켰는가』, 박진희 역, 서울: 궁리.

서성은(2008). 「메타버스 개발동향과 발전전망 연구」, 『한국 HCI 학술대회』, 1450-1457.

심경미·이경재·송윤정·방재성·김민경(2021). 『지자체 경관계획 수립 현황과 과제 - 특·광역시 중점경관관리구역 계획과 운영체계를 중심으로』, 건축공간연구원.

앙리 르페브르(2011). 『공간의 생산』, 양영란 역, 서울: 에코리브르.

유주형·이규목(2001). 「유형형태학적 도시경관 연구방법의 시론적 고찰」, 『한국도시설계학회지』 4(1), 한국도시설계학회, 43-59.

이광윤(2010). 「유럽경관협약에 비추어 본 경관법의 현황과 쟁점」, 『법학연구30』, 전북대학교 법학연구소, 171-188.

이상봉(2020). 「'공간적 전환' 이후의 장소, 감성 그리고 로컬리티」, 『감성연구』 21, 전남대학교 호남학연구원, 29.

이언 게이틀리(2016). 『출퇴근의 역사: 매일 5억 명의 직장인이 일하러 가면서 겪는 일들』, 박중서 역, 서울: 책세상.

이영민(2000). 「후기산업사회 도시문화지리학의 연구과제와 한국도시경관 연구에의 함의」, 『한국도시지리학회지』 3(1), 한국도시지리학회, 69-80.

이용만(2008). 「헤도닉 가격 모형에 대한 소고」, 『부동산학연구』 14(1), 한국부동산분석학회, 81-87.

이원석·이준규·문준호(2018). 「선택 실험법을 이용한 환승투어 개선의 선호도에 관한 연구」, 『관광레저연구』 30(10), 한국관광·레저학회, 25-39.

이정훈(2002). 「엑스포 과학공원의 Contingent Valuation Method에 관한 연구」, 『충남대학교 체육과학연구지』 20(1), 37-41.

이종현(1998). 『인천광역시 도시경관정비 기본구상』, 인천발전연구원.

이탈로 칼비노(2007). 『보이지 않는 도시들』, 이현경 역, 서울: 민음사.

이푸 투안(2011). 『공간과 장소』, 구동회 & 심승희 역, 서울: 대윤.

이혜은(2005). 「세계화 속에서 도시경관의 변화」, 『한국도시지리학회지』 8(2), 한국도시지리학회, 131-141.

앤소니 킹(1999). 『도시문화와 세계체제 : 문화, 공간, 역사로 읽는 세계도시 체제』, 이무용 역, 서울: 시각과 언어.

에드워드 버넷 타일러(2018). 『원시문화 : 신화, 철학, 종교, 언어, 기술, 그리고 관습의 발달에 관한 연구』, 유기쁨 역, 파주: 아카넷.

에드워드 베이컨(2012). 『도시를 디자인한다는 것』, 신예경 & 유다은 역, 서울: 대가.

인천광역시(2010). 『2025 인천광역시 기본경관계획』.

인천광역시(2017). 『2030 인천광역시 경관계획』.

인천광역시(2017). 『인천광역시 도시디자인 기본계획』.

인천광역시(2018). 『인천광역시 경관 조례』.

인천광역시(2018). 『빛이 아름다운 국제도시 인천 만들기』.

인천광역시(2018). 『인천광역시 색채디자인 가이드라인』.

인천광역시(2019). 『인천광역시 도서지역 경관관리계획』.

인천광역시(2020). 『인천광역시 범죄예방 도시디자인』.

인천광역시(2023). 『2040 인천광역시 경관계획』.

인천광역시 IFEZ(2020). 『IFEZ 경관계획』.

인천광역시 남동구(2015). 『남동구 도시경관계획』.

인천광역시 동구(2021). 『인천 동구 경관조성 종합기본계획』.

인천광역시 서구(2021). 『2030 서구 경관계획』.

인천광역시 연수구(2021). 『인천광역시 연수구 경관계획』.

인천광역시 중구(2019). 『개항장 문화지구 문화적 도시재생 사업구상』.

인천광역시 중구(2022). 『2030 인천광역시 중구 경관계획』.

인천도시역사관(2019). 『없었던 섬, 송도 그곳을 살아간 사람들』.

임승빈(2009). 『경관분석론』, 서울대학교출판문화원.

전성우(1996). 『막스베버의 역사 사회학 연구』, 사회비평사.

정소윤(2013). 「동경 도심의 공공공간 정비 성공요인에 관한 연구」, 서울대학교 대학원 석사학위논문.

정철현(2015). 『문화정책』, 서울: 서울경제경영.

존 러스킨(2011). 『존 러스킨의 드로잉』, 전용희 역, 서울: 다산북스 : 오브제.

존 어리(2012). 『사회를 넘어선 사회학』, 윤여일 역, 서울: Humanist.

존 어리(2014). 『모빌리티』, 강현수 & 이희상, 역, 서울: 아카넷.

제임스 C. 스콧(2010). 『국가처럼 보기 : 왜 국가는 계획에 실패하는가』, 전상인 역, 서울: 에코리브르.

찰스 왈드하임(2007). 『랜드스케이프 어바니즘』, 김영민 역, 파주: 조경.

최명하(2017). 「인천국제공항 경관의 생성·변화와 사회문화적 특성 연구」, 서울대학교 대학원 석사학위논문.

칼 쇼르스케(2006). 『세기말 비엔나』, 김병화 역, 서울: 구운몽.

케빈 린치(2003). 『도시환경디자인』, 한영호 역, 파주: 광문각.

피터 손더스(1998). 『도시와 사회이론』, 김찬호 & 이경춘 & 이소연 역, 파주: 한울 아카데미.

피터 애디(2019). 『모빌리티 이론』, 최일만 역, 서울: 앨피.

팻치 힐리(2004). 『협력적 계획 : 분절된 사회의 협력과 거버넌스』, 권원용 & 서순탁 역, 파주: 한울.

하기시마 사토시(2006). 『유럽도시 경관가이드북』, 강명수 역, 서울: 普文堂.

한국경관협의회(2008). 『경관법과 경관계획』, 서울: 보문당.

한상현(2013). 「경주유적지 역사경관의 경제적 가치 평가에 관한 연구」, 『관광연구논총』 25(2), 한양대학교 관광연구소, 3-22.

홍준기, 노명우, 강재호, 볼파르트, 김동훈, 남인숙, 하선규, 고지현, 심혜련(2010). 『발터 벤야민 : 모더니티와 도시』, 서울: 라움.

히토 슈타이얼(2016). 『스크린의 추방자들』, 김실비 역, 서울: 워크룸프레스.

황기원(2011). 『경관의 해석 그 아름다움의 앎』, 서울: 서울대학교 출판문화원.

Experience abudhabi.

    https://visitabudhabi.ae/.

LEE KUAN YEW WORLD CITY PRIZE.

    www.leekuanyewworldcityprize.gov.sg.

National Library Board Singapore.

    https://www.nlb.gov.sg.

Singapore URA(Urban Redevelopment Autority).

    https://www.ura.gov.sg.

Singapore URA(Urban Redevelopment Autority)(2021). Skyline Issue 14.

    https://www.ura.gov.sg/Corporate/Resources/Publications/Skyline/Skyli
ne-issue14/Thinking-aloud.

Wikipedia.

    https://en.wikipedia.org/wiki/European_Landscape_Convention.

국토교통부 Smart City Korea.

    https://smartcity.go.kr/.

마켓컬리.

    https://www.kurly.com/main.

아마존.

    https://www.amazon.com.

인천광역시 공간정보 플랫폼.

    https://smart.incheon.go.kr/portal.

쿠팡.

    https://www.coupang.com/.

타오바오.

    https://world.taobao.com/.

『한국경제』, 「"인천 송도해상 신도시 건설공사 착공..1조7천억투자 대역사"」.

    https://www.hankyung.com/article/1994091001231. (1994.09.10.)

〈표 목차〉

〈그림 목차〉

저자 소개

김리원(金里園)

• 약력

서울대학교 미술학사, University of Leeds 디자인학 석사, 서울대학교 환경대학원 도시계획학 박사
(주)에이엔에프 이사, (협)문화비상구 대표이사, 서울대학교 환경계획연구소 객원연구원,
인하대학교 도시계획학과 겸임교수, 인천경제자유구역청 등 경관심의위원

• 연구서 및 논문

「Landscape Cognition in the Era of Mobility of Things: The Notion of Platfor
  Urbanism and Taskscape」(2022), 『Sustainability』 외 다수
『한편 11호』 중 「택배도시에서의 일주일」(2022), 민음사

서종국(徐鍾國)

• 약력

홍익대학교 경영학사, 성균관대학교 대학원 행정학 석사, Western Illinois University 행정학 석사,
University of Southern California 도시계획학 박사
인천광역시 도시계획위원(부위원장), 인천대학교 대학건설본부장, 인천광역시 도시재생총괄계획
가(Master Planner), 국토교통부 도시재생특별위원회 실무위원, 인천학회 회장, 한국도시행정학
회 회장, 인천광역시 혁신협의회 회장, 국토교통부 중앙도시계획위원회 위원, 인천대학교 도시과
학대학 학장

• 연구서 및 논문

『알기 쉬운 도시이야기』(2006, 한울), 『토지와 주택의 불평등』(1999, 도서출판 해남),
「도시특성과 건강도시의 관계에 관한 연구」(2020, 『도시행정학보』 제33집 제4호) 외 다수

강도윤(姜到昀)

• 약력

인하대학교 졸업, 홍익대학교 대학원 공간디자인학 석사, 인하대학교 도시계획학 박사
(주)에이엔에프 대표이사, 인천대학교 겸임교수(전), (사)인천도시재생연구원 원장, 인천시도시계
획위원회위원, 인천시원도심발전자문위원, 인천남동문화재단 이사, 인천경제자유구역청 발전자
문위원회 위원, 인천연수구 도시재생센터장(전), 정부3.0 평가위원 지방자치단체 평가위원(전),
정부국민디자인단 서비스디자인 총괄디자이너(전) 등

• 연구서 및 논문

「고령화 사회에 대응하는 유니버설디자인 계획특성 연구」(2014, 한국의료복지건축학회지, 제20
  집 4호) 외 다수
『개항장 문화지구 문화도시재생』(2019) 등
『함박마을 이야기(공저)』, 박영사

인천학연구총서 55

도시경관의 이론과 실제
인천 경제자유구역과 원도심을 중심으로

2024년 2월 22일 초판 1쇄 펴냄

기　획 인천대학교 인천학연구원
지은이 김리원·서종국·강도윤
펴낸이 김흥국
펴낸곳 보고사

등록 1990년 12월 13일 제6-0429호
주소 경기도 파주시 회동길 337-15 보고사 2층
전화 031-955-9797(대표)
　　　02-922-5120~1(편집), 02-922-2246(영업)
팩스 02-922-6990
메일 bogosabooks@naver.com
http://www.bogosabooks.co.kr

ISBN 979-11-6587-677-7　94300
　　　979-11-5516-336-8　(세트)
ⓒ 김리원·서종국·강도윤, 2024

정가 23,000원